주식
밖에
없다

주식밖에 없다

회사원이
자본가가
되는 길

연봉 3천부터 시작하는
자본가 입문서!

| 아베 슈헤이 지음 |

이콘

서문_

'자산가'가 아닌 '자본가'가 돼라

'자본가'는 생각보다 쉽게 될 수 있다

많은 사람들이 '자산가든 자본가든 나와는 전혀 관계없는 일'이라고 생각할 것이다. 그러나 실제로 자본가가 되는 것은 그다지 어려운 일이 아니다. 왜 그럴까? 그 이유를 밝히기 전에 우선 자산가와 자본가는 어떤 점에서 다른지부터 생각해보자. 이 두 가지를 혼동하는 사람이 적지 않기 때문이다.

먼저, 자산가란 무엇일까?

'자산'에도 사실 여러 종류가 있다. 개인의 경우 주식이나 채권 등의 유가증권, 부동산, 금 등의 실물자산을 가진 이를 자산가라고 부른다. 기업의 경우 이 '자산'의 의미는 더욱 확대되어 제품을 생산하는 기계, 재고, 사원 등이 그 안에 포함된다. 자산가란 이런 여러 자산을 보유한 '포괄적인 부자'를 가리킨다.

이에 반해 자본가란 기업의 자본에 자금을 제공하는 사람을 일컫는데, 그 대표적인 예가 주주다. 주주는 기업자본에 참여하고, 기업이 사업으로 얻은 이윤 중 일부를 주주자본(순자산) 축적과 배당금이라는 형태로 돌려받게 된다. 이런 점에서 보면 '주주=자본가'라고 생각해도 좋다. 다만 주식을 보유하고 있는 자산가도 있으므로 자본가는 자산가 중 일부라 할 수 있다.

여기에 덧붙여 '자산'과 '자본'의 차이에 대해서도 잠시 생각해 보자. 사업 경험이 어느 정도 있는 사람이라면 대차대조표라는 말을 들어봤거나 실제 대차대조표를 읽어본 이가 적지 않을 것이다.

대차대조표란 간단히 말해 기업의 재무 상황을 보기 위한 것으로 좌측(대변)에는 자산, 우측(차변)에는 부채와 순자산을 기입해 대변과 차변이 같은 금액이 되도록 만든 자료다. 재무 상황이라는 말에 거부감을 느끼는 사람도 있겠지만 별로 어렵게 생각할 필요는 없다. 기업은 자신이 보유하고 있는 자금 외에도 은행 등에서 빌린 자금으로 원재료 혹은 생산 설비를 구입해 물건을 만들거나 서비스를 제공함으로써 매상을 올린다. 이러한 흐름 속에서 기업이 보유한 자금은 '순자산', 은행 등에서 빌린 자금은

'부채', 그리고 이것들을 이용해 구입한 원재료나 생산설비 혹은 건물 등은 '자산'이 된다. 내가 "자본가가 돼라"라고 말한 것은 이러한 기업의 활동에 필요한 자본을 제공하는 사람이 되라는 뜻이다.

자본이
환원되는 원리

　그렇다면 '자본'이란 무엇일까? 예를 들어 '자본금'이라는 것은 회사를 설립할 때 창업자가 모은 돈을 가리키기도 하지만 공동 출자자들이 갹출한 돈일 때도 있고, 상장 가능성 등 그 기업의 장래성을 따져 벤처캐피털 등이 사전에 제공하는 자금이 그 안에 포함되기도 한다. 이렇게 창업자를 필두로 한 다수의 출자자로부터 모은 자금을 '자본금'이라고 부르는데, 이는 곧 사업체를 설립하기 위한 군자금軍資金이 된다.

　한편 출자자는 출자의 증거로 그 금액에 상응하는 '주식'을 받게 된다. 즉, '출자자'는 곧 '주주'이고, '주주가 된다'는 것은 곧 '자본가가 된다'는 것과 같은 의미다.

대차대조표상에서 자본금은 '순자산'의 항목에 기재된다. 순자산이란 기업의 자기자본으로 간주되므로 기업은 그 자금 전액에 대해 출자자에게 변제할 의무를 지지 않는다. 변제하지 않아도 되는 자금을 준 출자자는 기업에게 있어 상당히 감사한 존재다.

그렇다 해도 기업에 공짜로 자금을 제공하는 사람은 없다. 이 때문에 출자를 받은 기업은 사업에서 발생한 이익 중 일부를 배당금으로 주주에게 환원한다. 또한 기업의 실적이 좋아지면 주가도 상승하므로 출자자는 그에 따르는 시세 차익을 얻을 수 있고, 주주총회에서 기업의 경영 방침에 대해 주주로서 가지는 의견을 제시할 수 있다. 보유 주식 수가 많든 적든 상관없이 주주라면 누구나 오너가 되는 것이다.

1 회사의 구조(대차대조표)

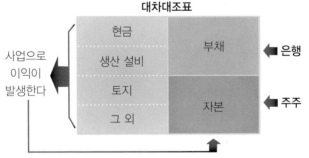

사업으로 얻은 이익은 주주의 지분인 자본에 축적된다

중요한 것은 주주가 주주로서 가지는 자신의 권리를 타인에게 양도할 수 있다는 점이다. 앞서 서술한 것처럼 주주로부터 출자를 받은 자본은 출자자에게 변제할 의무가 없다. 그러나 출자자 입장에서 보면 아무리 주가가 올라도 이는 단순히 평가이익일 뿐 실제 금전적 이익을 얻은 것은 아니다. 이런 경우를 방지하기 위해 주식 시장이 만들어지고, 여기서 주주의 권리를 타인에게 양도할 수 있는 구조가 생긴 것이다.

이로써 자본가가 되기란 그다지 어렵지 않다는 점을 여러분이 알았으리라 생각한다. 자본가가 되고 싶으면 기업의 주식을 보유하면 되기 때문이다. 주식 투자를 하려면 큰 돈이 있어야 한다고 생각하는 사람들도 있지만 이제는 그렇지 않다. 60만 엔(약 600만 원-옮긴이) 정도만 있으면 토요타자동차Toyota Motor Corporation의 주주도 될 수 있다. 또 재무 상황, 실적 등에 개의치 않는다면 그야말로 수만 엔만 투자해서 주주가 될 수 있는 기업도 있다. 물론 그런 기업에 투자했을 때 배당금이나 시세 차익을 얻을 수 있을지는 모르겠지만 말이다.

어찌 되었든, 자본가가 되는 데 있어서의 장벽은 결코 높지 않다.

주식밖에 없다

자본가가 되어
경제적 자유를 쟁취하라

'파이낸셜 인디펜던스financial independence', 경제적 독립으로 번역되는 이 단어의 의미를 요약하자면 '자기 자산에서 발생하는 현금흐름만으로 충분히 생활할 수 있는 상태'다. 이것이 실현되면 인생의 자유가 현격히 커진다는 것은 말할 필요도 없다.

자신이 싫어하는 상사의 불합리한 명령이라 해도 생활을 위해 어쩔 수 없이 그것을 따르며 일해야 하는 사람들이 세상에는 많다. 만약 자기 자산에서 발생하는 현금흐름으로 충분히 먹고살 수 있다면 싫어하는 일을 하면서까지 직장생활을 하진 않을 것이다.

사실 이러한 상황이 되면 '일을 하지 않는다'는 선택을 할 수도 있겠지만, 자산만으로도 충분한 현금흐름이 확보될 경우의 가장 큰 장점은 무엇보다 자신이 좋아하는 일을 할 수 있다는 것이다. 최소한 가족을 부양할 수 있는 정도의 현금흐름만 된다면 설사 수입을 창출하지 못한다 해도 자신이 원하는 일을 자유롭게 할 수 있을 테니 말이다. 심지어 직접 창업을 하면 지옥철에 시달릴 필요도 없고, 가족과 함께 보내는 시간도 늘어날 수 있다.

누구나 이러한 생활을 꿈꾸지만 현실적인 장애물들 때문에 선뜻 실행에 옮기지 못한다. 하지만 그런 장애물의 대부분은 사실 돈만 있으면 해결되는 것들이고, 이를 실현하는 지름길이 바로 자본가가 되는 것이다. 자본가가 된 뒤 어느 정도의 돈을 벌게 된다면 정신적, 신체적 자유는 직장생활을 할 때와는 비교조차 할 수 없이 커질 것이다.

여기까지 읽었다 해도 반신반의하는 사람은 여전히 많을 듯 싶다. 이런 이들의 머릿속에는 다음과 같은 고민들이 끊이지 않을 것이다.

'주식에 투자한다고 해서 그렇게 간단히 돈을 벌 수는 없을 거야.'

'경제적 독립을 이루려면 종잣돈이 얼마나 있어야 하는 걸까?'

'투자로 큰 수익을 얻는 건 일반 사람은 불가능한 일 아닌가?'

하지만 나는 이 책을 통해 우리가 자본가가 됨으로써 경제적으로 자유로운 인생을 살아나갈 수 있는 방법을 이야기해보려 한다.

누구나 자본가가
될 수 있는 시대

이미 밝혔듯이 지금은 누구나 자본가가 될 수 있는 시대다.

회사는 어떻게 보면 피라미드 구조의 사회이고, 대부분의 사람들은 그 피라미드의 가장 밑바닥에 사원으로 자리한다. 이후 직책이 높아지고 그것이 정점에 달하면 회장, 또는 사장이 된다. 상당히 특이한 조직 구조가 아니라면 회장이나 사장은 당연히 한 명으로 제한된다.

하지만 아무리 사장이나 회장이라 해도 저항할 수 없을 정도로 엄청나게 강력한 힘을 가지는 존재들이 있다. 바로 주주이자

자본가다. 주주는 기업의 오너이기 때문에 기업이 사업에서 얻은 이익의 일부를 배당금으로 받을 권리가 있고, 주주총회에 출석해 현 경영진에 대해 의견을 낼 수 있다.

신입사원이 회장이나 사장의 자리까지 오르려면 상당히 오랜 세월이 걸리고 많은 사람들과의 경쟁에서도 이겨야 한다. 게다가 확실히 살아남을 수 있다는 확신도 없고 말이다. 이런 점에서 볼 때 주식 투자는 단숨에 회사 구조의 최고 위치에 올라 군림할 수 있는 방법이다. 이는 주식 시장이라는 마켓 덕분이다. 더구나 주식 시장에 참가하는 데는 성별이나 연령 제한도 없고 특별한 자격을 갖춰야 할 필요 또한 없다. 보유 자금이 어느 정도 있고,

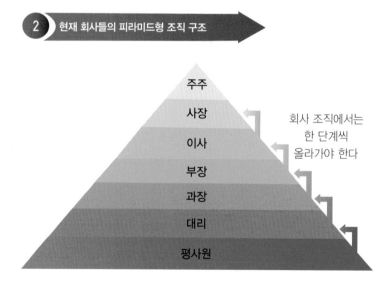

2 현재 회사들의 피라미드형 조직 구조

주주
사장
이사
부장
과장
대리
평사원

회사 조직에서는
한 단계씩
올라가야 한다

주식밖에 없다

주식에 투자하는 리스크를 자기 자신이 감당할 수 있는 사람이라면 누구나 주주라는 이름의 자본가가 될 수 있다. 피라미드 조직의 계단을 하나씩 올라가지 않아도 단숨에 회장 혹은 사장과 같은 입장, 아니 그 이상에 도달할 수 있는 것이다.

제 1 장_

돈은 어떻게 생기는 것일까

공유경제는 자본주의를 밀어낼까?

이제는 '쉐어링 이코노미sharing economy', 즉 공유경제의 시대라고들 한다. 집이나 자동차 등의 물건은 기존 자본주의 사회에서 소유의 대상이었지만 공유경제 시대에는 교환·공유하는 대상이 된다.

지금까지 자본주의를 굴려왔던 원동력은 사람들의 욕망이었다. 인간의 욕망에 힘입어 자본주의는 크게 발전했고 사회를 움직여왔다. 그런데 이제는 환경 파괴나 격차 문제 등 자본주의에 따른 부작용이 나타나고 있다.

예전에는 격차 문제를 '남북 문제'라 불렀다. 북반구에 있는 선진 자본주의 국가들과 남반구에 있는 많은 신흥국 간의 국가·지

주식밖에 없다

역 간 격차를 일컫는 표현이었던 것이다. 그리고 이는 국제 문제로까지 발전됐지만 현대의 격차 문제는 국내 갈등으로 변화하고 있다. 2016년 미국 대통령 선거에서 도널드 트럼프Donald Trump 대통령이 탄생한 것은 미국 내에 퍼져 있는 격차에 불만을 품은 계층을 자극적인 말로 선동한 결과라고 할 수 있다.

이러한 격차 문제 등 종래의 자본주의 폐해가 부각되자, 공유경제라는 사고방식이 주목받고 공감을 얻기에 이르렀다. 가령 자동차는 지금까지 장기 대출을 끼고 구입하는 물건이었지만, 공유경제 사회에서는 차고에 차를 세워둔 소유자로부터 자신이 사용하고 싶은 시간만큼 빌리는 대상이 된다. 이렇게 하면 자동차의 소유자는 유휴 자산을 유용하게 활용할 수 있고, 빌리는 사람은 적은 비용으로 필요할 때 차를 사용할 수 있다.

이런 면에서 상당히 편리한 시대가 된 것은 사실이지만, 일각에서는 '공유경제 사고방식이 자동차뿐 아니라 그 외 여러 물건으로까지 확대되면 사람들은 점점 소비를 하지 않게 되고, 그로 인해 지금까지 인간의 욕망에 기대온 자본주의도 유지되기 어려울 것'이라는 의견이 대두되고 있다. 더불어 '자본주의가 유지되지 못하면 자본가라는 존재의 필요성도 사라지는 것이 아닐까?' 하는 의문도 제기된다. 그러나 이는 엄청난 오해다.

소비에 대한 사람들의 생각이나 스타일이 공유경제 때문에 달라진다고 해도 공유경제라는 '시스템'을 만들기 위해서는 어찌 되었든 돈이 필요하다. 지금까지의 자본주의는 생산자와 소비자가 시장에서 가격을 결정하는 구조였던 데 비해 공유경제의 기본 구조는 자동차, 집 등의 자산을 가진 '소유자'와 그것을 사용하고자 하는 '사용자'가 각각의 상황과 필요에 따라 공유 플랫폼상에서 사용량을 서로 합의하는 것이다.

이러한 공유경제를 가능케 하는 플랫폼을 만들려면 당연히 투자가 필요하고, 자산가동률이 상승하면 그것이 경제에 미치는 파급 효과도 분명 상상 이상일 것이다. 공유경제라는 새로운 시스템의 구조 마련에 필요한 자금을 제공하는 사람은 곧 공유경제 시대에 걸맞은 자본가가 된다. 때문에 자본주의의 형태가 설령 변한다 해도 주식회사라는 것이 존재하는 이상 자본가도 계속 존재할 수밖에 없다.

불도저도 없었던 시대에
피라미드는 어떻게
만들어졌을까?

애당초 자본가는 어느 시대 때부터 존재했던 걸까? 잠시 머리
를 굴려 생각해보자.

세계 최초의 주식회사는 네덜란드의 동인도회사East India Com-
pany라고들 한다. 이 회사는 1602년 3월 20일에 설립됐고, 자본
금은 약 650만 길더였다. 본사는 암스테르담에 있었고 지사에 해
당하는 네덜란드 상관商館(외국인이 경영하는 큰 상점—옮긴이)이 인
도네시아의 자바나 일본 나가사키의 데지마出島 섬에 설치돼 18세
기 말까지 운영되었다.

동인도회사는 주식회사였으니 당연히 자본을 낸 사람들도 있
었을 것이다. 이렇게 생각하면 세계 최초의 자본가는 네덜란드

동인도회사에 자본을 제공한 사람들이라고 추측할 수 있다. 그러나 훨씬 옛날부터 자본가는 존재했다는 것이 내 생각이다.

지금부터 1,000년 전의 중세 유럽으로 거슬러 올라가보자. 당시 자본가인 국왕은 영주에게 토지를 줌과 더불어 이들을 보호했고, 그 대신 영주는 전쟁에 참전하고 국왕에게 봉사하는 이른바 봉건제도가 시작됐다. 당시의 자본은 토지였던 셈이다.

그리고 봉건제도하에서 장원제도가 생겨났다. 국왕으로부터 토지를 받은 영주는 그것을 소분해 농민에게 나눠 맡기며 그들을 지배했고, 농민은 그 대가로 영주에게 농작물을 바쳤으며, 영주는 국왕에게 군역의 형태로 봉사했다. 당시의 부^富는 이렇게 토지, 즉 자본의 힘에 따라 국왕에게 집약되었다.

유럽뿐만이 아니다. 같은 시대에 일본의 가마쿠라鎌倉 막부에서도 똑같은 형태의 제도가 시작됐다. 장군은 무사에게 토지를 주며 그들을 보호했고, 무사는 장군에게서 받은 토지를 소분해 농민에게 나눠 맡기며 그들을 지배했다. 그 대가로 농민은 무사에게 소작을 바쳤고, 무사는 장군에게 군역이라는 형태로 봉사했다. 이 역시 자본가인 장군에게 부가 집약되는 구조다.

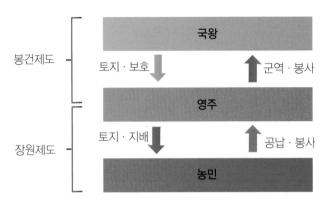

3 중세 유럽의 봉건제도와 장원제도

봉건제도

국왕

토지 · 보호 군역 · 봉사

영주

장원제도

토지 · 지배 공납 · 봉사

농민

(서기 1000~1200년)

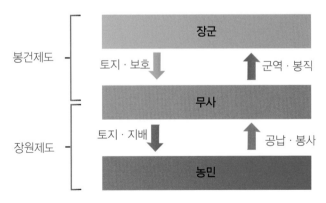

4 가마쿠라 막부의 봉건제도와 장원제도

봉건제도

장군

토지 · 보호 군역 · 봉직

무사

장원제도

토지 · 지배 공납 · 봉사

농민

(서기 1100~1300년)

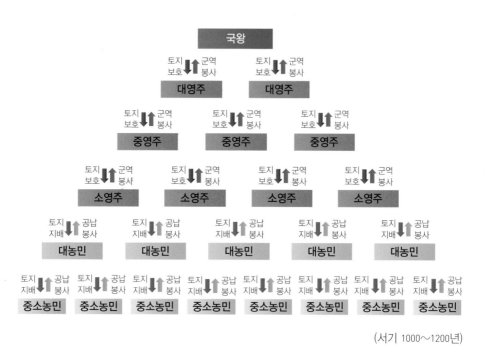

(서기 1000~1200년)

자본가의 존재는 기원전으로까지 거슬러 올라간다. 역사적인 건축물들이 그 근거라 할 수 있는데, 이집트에 있는 쿠푸Khufu 왕의 피라미드나 중국에 있는 만리장성 등이 전형적인 예다. 여러 가지 설이 있지만 쿠푸 왕의 피라미드가 완성된 것은 기원전 2500년경이다. 상당히 긴 세월에 걸쳐 만들어진 만리장성은 기원전 770년쯤부터 건설되기 시작해 15~16세기쯤에 이르러 현재의 형태가 되었다고 알려져 있다.

셔블카shovel car도 불도저도 없던 시대에 어떻게 사람들은 그토록 거대한 건축물을 만들 수 있었던 것일까? 이는 당시 자본이 인간의 노동력 그 자체였고, 그 자본을 거머쥘 수 있는 거대한 권력자가 존재했기 때문이다. 현대에서의 자본은 '돈'이지만 이들 거대 건축물이 만들어졌을 당시의 자본은 '인간'이었던 것이다. 그리고 많은 사람들을 구속하고 따르게 할 수 있었던 권력자야말로 당시의 자본가였다.

만약 이 역사관이 올바르다면 자본가는 기원전부터 존재했다고 볼 수 있다. 그리고 앞으로도 자본가는 이 세계에서 사라지지 않을 것이라고 나는 확신한다.

자본가만이 가장 큰 분배를 받을 수 있는 이유

기업 활동에는 '스테이크홀더stakeholder'라 불리는 이해관계자가 반드시 존재한다. 이해관계자란 주로 고객, 거래처, 직원(사원), 금융 기관, 주주(자본가)를 뜻하며, 넓은 의미에서는 그 기업이 거점을 두고 있는 본사나 지사 주변의 주민, 지자체 등도 포함된다. 요약하자면 이해관계자는 기업 활동에 따라 발생하는 이해에 직·간접적으로 관여하는 사람들을 지칭한다.

이 이해관계자를 기업의 '손익계산서'에 겹쳐 보면 재미있는 사실을 알 수 있다. 손익계산서란 기업 활동에 따라 얻는 매출에서 여러 경비 등을 뺀 것으로, 경상이익이나 순이익 등을 산출해가는 재무제표다. 서문에서 나는 자본가의 지위를 명확히 하기 위

주식밖에 없다

해 대차대조표에 대해 설명했는데, 손익계산서 역시 대차대조표와 마찬가지로 1년간 이루어진 기업의 활동 상태를 정량적으로 보는 데 있어 상당히 중요한 역할을 담당한다.

손익계산서의 가장 상단에 위치하는 항목은 '매출'이다. 이런 이유로 매출을 '톱라인top line'이라 부르기도 한다. 매출은 기업이 제품이나 서비스를 고객에게 제공하면서 발생한다. 다시 말해 매출은 고객으로부터 받는 돈인 것이다. 손익계산서에서는 이 매출에서 각종 경비 등을 빼고 최종적으로 얼마나 남았는지를 계산해간다. 이익이 남으면 흑자 결산, 이익이 남지 않으면 적자 결산이 된다.

그렇다면 구체적으로 어떤 경비를 빼는 것일까?

먼저 매출에서 '매출원가'를 제외한다. 매출원가란 상품을 매입하거나 제조할 때 드는 비용을 말한다. 물건을 판매하는 판매업이라면 상품의 매입 금액이 매출원가가 되고 제조업이라면 원재료비나 제조기계, 공장 운영에 든 비용이 매출원가다.

그다음으로 제외하는 것이 '판매관리비', 즉 회사 운영에 필요한 사업 경비다. 직원에게 지급하는 급여나 보너스, 복리후생비가 판매관리비의 주요 항목이 된다.

은행으로부터 운전자금이나 설비투자자금을 빌린 기업의 경우엔 은행에 이자를 지급하는데, 이 또한 빼야 하는 항목 중 하나에 해당한다. 이것까지 뺀 뒤 남은 이익을 기반으로 '세금', 즉 법인세가 부과되고, 법인세를 뺀 최종 금액은 '순이익'이 된다. 이것이 손익계산서의 기본 구조다.

　기업이 실제로 벌어들인 돈은 이렇게 매출에서 매출원가, 판매관리비, 지불이자, 세금을 제외한 금액이다. 그런데 매출에서 제외된 각종 경비 등의 배경에는 각각의 이해관계자가 존재한다.
　먼저 기업은 고객이 이득이라고 생각하는 적정 가격을 기반으로 자사의 상품·서비스를 판매하고 매출을 계상한다. 당연히 고객은 좋은 물건을 보다 싸게 사길 원하고, 기업은 이익률을 충분

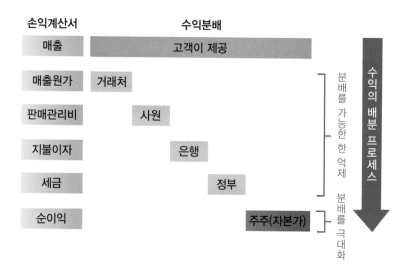

6　손익계산서로 본 각 관계자의 입장

　　　　　　　　　　　　　　　　　　　주식밖에 없다

히 확보하면서도 경쟁사를 이길 수 있는 가격을 결정할 필요가 있다. 또 상품을 제조하려면 원재료가 있어야 하므로 그것을 제공하는 협력업체가 반드시 존재한다. 자동차 제조업체의 경우 차체 제조에 사용하는 철은 당사에서 만들지 않기 때문에 제철회사에서 매입하게 되는데, 이처럼 매출원가와 관련 있는 이해관계자는 '거래처'가 된다.

판매관리비의 이해관계자는 앞서 말한 것처럼 '직원'이다. 이어 지불 이자와 관련해서는 자금을 빌려주고 있는 '은행', 법인세와 관련해서는 납입처인 '정부'가 각각 이해관계자에 해당한다.

또한 법인세가 제외된 순이익의 일부는 주주에게 배당금으로 지불되고, 배당금 지불 후에 남은 이익은 내부유보금으로 자본에 축적된다. 따라서 기업이 적정하게 순이익을 계상하고 성장해가는 기업의 목표를 공유하는 이해관계자는 '주주', 곧 '자본가'다.

지금까지 고객, 거래처, 직원, 은행, 정부, 주주처럼 기업 활동과 관계된 이해관계자를 다뤘다. 그중 기업 활동의 결과인 장기적 성장의 수혜를 가장 크게 받는 것은 누구일까? 당신이라면 이 다섯 이해관계자 중 누가 되고 싶은가?

어떤 사람은 '거래처가 되어서 대규모 사업에 참가하면 보다 큰 이익을 얻을 수 있다'고 생각할 것이다. 거래처 기업의 규모가 커지면 커질수록 이런 경향도 강해질 텐데, 실제로 토요타자동차와 거래할 수 있다면 물품에 따라 다르긴 하겠지만 거래 금액이 수십억, 수백억 엔 규모에 이를지도 모른다.

이와 달리 누군가는 '매출 규모가 큰 대기업의 사원이 되면 평생 안락하게 살 수 있다'고 생각할 수 있고, '은행가가 되어 기업에 돈을 빌려주고 이를 바탕으로 안정적인 이자 수익을 확보하는 편이 좋겠다'고 생각하는 이도 있을 것이다.

이처럼 누가 되고 싶은가는 각 개인이 갖는 가치관에 따라 다르겠지만, 가장 큰 보상을 얻을 수 있는 이해관계자는 거래처도, 직원도, 더군다나 은행가도 아닌 주주다. 왜 그런지 그 이유를 잘 생각해보자.

거래처나 직원, 은행, 정부는 이익 면에서 기업과 상반되는 관계에 있다. 다시 말해 기업의 이해관계자이긴 하지만 기업과 이해가 일치하지는 않는다. 만약 기업이 자신들의 이익을 조금이라도 더 늘리고 싶어 한다면 거래처에 가격 인하를 요구할 수 있고, 실적이 악화되면 정리해고로 직원들의 급여를 삭감할지도 모른다. 또한 은행에서 융자를 받을 때에도 이자율을 낮춰달라고 요구할 가능성이 있고, 정부에 내는 세금을 조금이라도 줄이기 위해 절세 방법을 찾기도 한다.

주식밖에 없다

그런데 이해관계자 중 유일하게 이익 면에서 반대편이 아닌 존재가 있으니, 그것이 바로 주주다. 기업은 거래처, 직원, 은행, 정부에게는 자신들이 지급해야 할 금액을 조금이라도 낮추려 한다. 하지만 주주에 대해서는 주주의 지분이 되는 순이익, 또 그것에서 발생하는 배당을 줄이려 들지 않는다. 오히려 순이익이 발생하면 그 안에서 배당금을 극대화하려고 하는데, 그 이유는 그것이 자본주의 사회에서 기업이 존재하는 방식이기 때문이다. 즉, 기업의 순이익이 커지면 커질수록 주주에게 지불하는 배당금도 늘어나는 것이다.

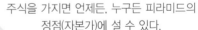

7 　주주가 된다는 것의 이점

주식을 가지면 언제든, 누구든 피라미드의
정점(자본가)에 설 수 있다.

주주

사장

이사

부장

과장

대리

평사원

이것으로 여러분은 이해했을 것이다. 아무리 대기업과 거래한다 해도, 혹은 대기업의 직원으로 일한다 해도, 그 위치에서는 기업 활동에서 얻은 이익을 공유하거나 성장에 따르는 과실을 효율적으로 얻을 수 없다는 사실을 말이다.

거래처로서 상대에게 인정받으려면 상당한 노력을 기울여야 한다. 거절당하더라도 반복해서 영업을 해야 하고, 내키지 않지만 접대를 해야 하는 경우도 있을 수 있다. 그 속에서 불편하고 냉담한 말을 들으며 두 번 다시는 영업을 하고 싶지 않다는 기분이 들기도 한다. 심지어 거래에 성공했다 해도 거래처가 성장하면 가격을 인하해달라는 압력도 커지고, 거래처에서 얻을 수 있는 이익이 줄어드는 경우까지 있다. 이러한 상황이라면 아마 대부분의 사람들이 막대한 스트레스를 받을 것이다.

직원으로 일하는 것도 마찬가지다. 일류 유명 대기업에 취직하기란 쉽지 않다. 우량기업일수록 우수한 사람들이 모이기 때문에 경쟁률이 높고, 운 좋게 취직했다 해도 출세를 하려면 회사 내의 피라미드에서 치열하게 싸우며 살아남아야 한다. 게다가 경영자는 회사의 이익을 최대화하기 위해 직원의 월급을 가능한 한 통제하려고 한다. 다시 말해 직원이 분골쇄신한 덕에 기업이 성장했다 해도 그 성장과 맞먹는 급여는 받을 수 없기 때문에 대기업에서 일하는 것이 곧 막대한 자산 형성으로 이어지진 않는다.

주식밖에 없다

이상의 측면들을 냉정히 생각해보면 부자가 되는 가장 빠른 길은 자본가가 되는 것이라는 결론이 도출된다. 여기에서 꼭 강조하고 싶은 부분은 '부자=자본가'가 아니라 '자본가가 되는 것=부자가 되는 가장 빠른 길'이라는 점이다.

자산을 쌓고 싶다면 그것을 가능케 하는 열쇠인 주식에 투자해 자신을 자본가로 만들어야 한다. 세간의 사람들이 갖고 있는 자본가 이미지와는 사뭇 다른 소액투자자가 된다 해도 전혀 상관없다. 가장 작은 단위로라도 주식을 보유하고 있으면 그 기업의 자본에 참가하고 있다는 의식이 싹 트게 된다. 가장 중요하고 우선적인 요소가 바로 이러한 인식이다.

큰돈이 아닌 소액만 가지고도 누구나 자본가로서의 첫걸음을 내딛을 수 있다. 그리고 이 첫걸음을 뗄 수 있는 아주 작은 용기가 있는 사람에게만 소자본가에서 대자본가로 가는 길이 열린다.

생활을 위한
노동에서 벗어나라

대자본가가 되면 일의 스트레스에서 해방되고 자신의 자유시간을 사용할 수 있게 된다. 여기에서는 '자본가의 특권은 곧 자신이 하고 싶은 일을 자유롭게 할 수 있는 것'이라는 점에 대해 생각해보자.

회사에 근무하는 대부분의 직원들은 여러 면에서 자신이 자유롭지 못하다고 느낄 것이다. 근무 시간이 정해져 있고, 회사의 명령에 따라야 하니 말이다. 그렇게 하지 않으면 사직서를 쓰라는 말을 듣게 될 수도 있다. 어찌 보면 자신의 시간이나 노동, 몸을 조금씩 팔아서 돈을 벌고 있는 것이나 매한가지다. 따라서 자유

주식밖에 없다

로워지고 싶다면 한시라도 빨리 '시간을 나눠 파는 인생'에서 벗어나야 한다.

그렇게 하려면 많은 사람들이 '독립해야겠다'고 생각할 것이다. 스스로 경영자가 되면 자신의 행동을 감시하고 시끄럽게 지시하는 상사라는 존재가 없어지고, 스케줄도 자기가 자유롭게 세울 수 있으며, 무엇보다 자기가 좋아하는 일을 직업으로 삼을 수 있다는 것이 장점일 것 같기 때문이다.

그러나 스팍스Sparx라는 지금의 회사를 스스로 세운 경영자인데다 여러 경영자들과 이야기를 나눠보기도 한 나로서도 사실 경영자가 되면 자유로워진다고는 결코 말할 수 없다.

경영자의 일은 주로 노동의 분배를 결정하는 것이다. 또한 상품이나 서비스의 가격, 원재료 등의 매입가, 직원들의 급여 등을 얼마로 해야 할지 정하고 은행에서는 얼마를 빌리고 이자로는 얼마를 내야 하는지, 세금은 얼마를 납부해야 하고 세금 제외 후 이익은 얼마가 될지 등을 계산하는 것 역시 경영자의 일이다. 당연히 아침에는 누구보다 일찍 회사로 출근하고 퇴근 시간도 어느 직원보다 늦다.

어디 그뿐인가. 미래 수익을 예상할 수 없는 상황에서 '직원들을 어떻게 관리해야 할까?' '어떻게 하면 직원들이 강한 동기를 유지하면서 일하게 할 수 있을까?' '자금은 어떤 방법으로 조달 하는 것이 좋을까?' 등에 대한 결단도 내려야 한다. 주말이 없는 것은 당연하고 집에 돌아가서도 푹 쉴 수 있는 시간이 거의 없는 데, 경영자에겐 직원의 생활을 지켜줄 의무가 있다. 이런 점들을 생각하면 아무리 오너 경영자라 해도 자유로운 시간이 거의 없 는 것은 직원들과 마찬가지임을 알 수 있을 것이다.

은행의 경우는 직원이나 경영자와 조금 다르다. 은행은 자본가 처럼 기업에게 자금을 빌려주는 입장이기 때문에 자본가에 꽤 가까운 존재라고 할 수 있다.

그러나 은행은 순수한 자본가와 한 가지 점에서 다르다. 자금 에 대한 리스크를 취하지 않는 만큼 자금을 빌려줌으로써 얻을 수 있는 보상이 자본가에 비해 낮다는 점이다. 물론 기업에게 빌 려주는 자금의 규모가 크기 때문에 거기에서 얻는 이자 수익의 절대금액 자체는 크지만, 자금 효율 면에서 은행은 자본가에 미 치지 못한다. 역으로 말하자면 자본가는 은행에 비해 높은 리스 크를 감내하고, 그 대가로 큰 보상을 얻는 것이다.

총체적으로 보면 은행은 자본가이지만 그 안에서 일하고 있는 사람들은 결코 자본가가 아니다. 은행원도 다른 회사 직원들처럼 시간을 나눠 팔고 있는 직원이다. 즉, 은행에서 일하고 있는 사람들 역시 조직의 톱니바퀴에 해당하므로 자유가 거의 없고 상사의 눈치를 항상 살펴야 한다. 게다가 신용이 중시되는 은행 업무에 종사한다는 특성상 언제나 단정해야 한다는 특징도 있다.

그렇다면 공무원들은 어떨까? 정부나 자치단체 등에 근무하고 있는 공무원에게 자유가 없다는 점은 굳이 자세히 설명할 필요도 없을 것이다.

이렇게 생각해봤을 때 앞서 말한 다섯 가지 이해관계자 중 자본가는 여러 면에서 가장 자유로운 존재다. 자본가로서 주식에 투자해 기업 성장의 과실을 안정적, 또 장기적으로 얻는다면 시간과 조직 모두로부터 자유로워질 수 있다. 특히 요즘 시대에 그렇게 될 수 있는 기회는 누구에게나 있다.

혼다 세이로쿠의
투자 비법

"호경기에는 근검절약하고 불경기에는 결단력 있게 투자하라.'

옛날에 100억 엔의 자산을 한 세대에서 모은 어느 대학 교수가 있었다. 현대의 이야기가 아니라 메이지明治, 1868~1912, 다이쇼大正, 1912~1926, 쇼와昭和, 1926~1989 시대를 살아온 남자의 이야기다. 혼다 세이로쿠本多静六라는 이름은 모르더라도 도쿄의 '히비야 공원日比谷公園'을 설계하고 일본에서 '공원의 아버지'라 불린 인물이라고 하면 어렴풋이 떠올릴 수 있을 것이다.

도쿄대 교수였던 혼다 씨가 대학에서 받는 월급만으로 100억 엔대의 자산을 쌓기란 불가능했을 것임은 누구나 짐작할 수 있다(참고로 이 100억 엔은 현재의 가치로 환산한 금액이다). 조금 시간이 지난 데이터이긴 하지만 2014년 현재 도쿄대의 교수 수는 1,200명으로, 이들의 평균 연령은 55.9세이고 평균 연봉은 역시 2014년 기준 약 1,156만 엔이다. 최저 연봉은 866만 엔에 약간 못 미치고 최고 연봉은 1,800만 엔인데, 1,156만 엔이라는 평균 연봉은 민간 기업과 비교했을 때 결코 적은 수준이 아니지만 그렇다고 엄청나게 높은 것도 아니다. 생애임금(한 근로자가 취직한 이후 퇴직할 때까지 받는 모든 임금과 퇴직금을 합한 금액-옮긴이)은 2억 8,000만 엔 정도라고 한다.

이 생애임금은 도저히 100억 엔에 미치지 못한다. 그런데도 혼다 교수는 어떻게 그렇게 많은 자산을 축적할 수 있었던 것일까? 그 배경에는 혼다 씨의 축재 기술이 있었다. 그의 저서 《나의 재산 고백私の財産告白》에 실린 다음의 명언을 보자.

무릇 돈이란 것은 눈사람 같은 것이라, 처음에는 아주 작은 것이라도 그 중심이 되는 구슬만 만들어지면 나중에는 재밌게도 점점 커진다. 급여의 최소 4분의 1은 무조건 저금했던 내 경우가 그랬다. 그래서 나는 확신을 가지고 사람들에게 권해왔다. 아무리 어렵더라도 먼저 1,000엔을 저축하라고 말이다.

여기서 1,000엔은 어디까지나 당시의 통화 가치에 기반을 둔 금액으로, 이를 현재 가치로 환산하면 100만 엔이라고 한다. 다시 말해, 뭘 하더라도 일단 100만 엔을 저축하라는 것이다.

혼다 씨의 저축법은 먼저 급여가 들어오면 그중 4분의 1을 무조건 저축하는 것이었다. 지금처럼 마이너스 금리가 되어버리면 예금을 쌓아놔도 돈이 거의 늘어나지 않지만 그다음 단계로 넘어가기 위해서는 어찌 됐든 종잣돈이 필요하다.

이 책은 누구나가 대자본가가 될 수 있는 투자법에 대해 이야기하고 있지만 그 투자법을 실행하려면 주식에 투자할 최소한의 자금이 마련돼 있어야 한다. 혼다 씨는 당시 종잣돈이 될 수 있는 금액을 1,000엔으로 보고 그것을 목표로 조금씩 저축해나간 것이다. 혼다 씨는 《나의 재산 고백》에서 저축법에 대해 이런 말도 했다.

투자 전쟁에서 반드시 승리하겠다고 마음먹은 이들에게 나는 언제나 이렇게 권한다. 조용히 경기의 순환을 통찰하여 호경기 시대에는 근검하게 저축하고, 불경기 시대에는 단호하게 투자하며, 이것을 시기를 놓치지 않고 재치 있게 반복하라고 말이다.

주식밖에 없다

혼다 씨가 100억 엔의 자산을 쌓을 수 있었던 또 하나의 포인트는 주식이나 산림에도 적극적으로 투자했다는 것이다. 아무리 수입의 4분의 1을 꼬박꼬박 저축한다 해도 그것만으로는 100억 엔이라는 자산을 모을 수 없기 때문에 그 외의 수단도 병행할 필요가 있었다. 주식 등에 대한 투자가 바로 그것이었다.

'호경기에는 근검하게 저축을, 불경기에는 단호하게 투자를'은 그야말로 합리적인 방법이다. 호경기에는 금리 수준이 높기 때문에 저축으로도 어느 정도 이익을 낼 수 있다. 그리고 불경기에는 적극적으로 주식 등에 투자를 한다. 이 시기엔 주식도 땅값도 보통 바닥이라 싼 가격에 사들일 수 있고, 그 뒤 경기회복을 기다리기만 하면 주가와 부동산 가격이 크게 상승해 보유 자산의 가치가 급증한다. 이를 몇 차례 반복하면서 혼다 씨는 현재 가치로 100억 엔에 이르는 개인 자산을 축적할 수 있었다.

그간 일본의 경제 흐름을 보면 제2차 세계대전 이후부터 2012년 11월까지 15회의 경기 순환이 있었다. 기간의 길고 짧음은 있지만 경기의 밑바닥부터 정상까지 이른바 '호경기'의 국면이 15차례쯤 찾아왔던 것이다. 1951년 6월을 전후戰後 최초의 경기 정점이라고 보면 66년간 15회의 호경기가 있었으므로 평균적으로 4.4년에 한 번은 호경기였다는 계산이 나온다.

만약 22세에 사회인이 되어 정년인 65세까지 일을 한다고 전제하면 경제 활동에 종사하는 총 기간은 43년에 이른다. 그 기간 동안 약 10회의 호경기를 맞게 되는데, 바로 이 호경기를 활용하여 자신의 자산을 크게 불리는 것이 좋다.

제 2 장_

부를 쌓는 단 하나의 방법

로스차일드가는 어떻게 대부호가 되었는가

입지전적인 자본가의 스토리를 읽거나 실제로 성공한 사람으로부터 얘기를 들어보면 막대한 부를 손에 거머쥔 방법들에는 큰 차이가 없는 것처럼 여겨진다. 그 이유는 아마 부를 쌓는 방법은 오로지 실제 가치와 가격의 차이가 수정되는 과정에 주체적으로 참여하는 것, 즉 '재정裁定' 하나뿐이기 때문일 것이다.

'재정'이란 말의 뜻이 무엇인지 바로 감을 잡을 수 없는 사람들이 많을 것 같다. 사전에서 이 단어를 찾아보면 '양자를 비교하여 제3자적인 입장에서 물건의 선악, 가부를 판단하는 것'이라고 나와 있다. 이것이 금융 시장으로 넘어오면 '같은 금융 상품에 대해 같은 시점에서 가격차가 발생했을 때 싼 쪽을 사고 비싼 쪽을 파는 것'을 뜻하게 된다. 이렇게 양자의 가격 차이를 이용해 수익을 얻는 거래를 '재정거래'라고 하는데, 금융을 조금 다뤄본 경험자라면 같은 뜻의 'arbitrage'라는 용어를 들어본 적이 있을 것이다.

과거 자본가로 대성한 사람들은 거의 예외 없이 이런 방법을 사용해 재산을 형성해왔다고 할 수 있다. 중세 이탈리아 피렌체에서 은행가로 크게 성공한 메디치Medici가家는 상인으로서 지역별로 다른 양모나 향신료의 가격 차이를 이용해 돈을 벌었을 뿐 아니라 금과 은의 재정거래로도 막대한 부를 형성했다. 당시 통화로 사용됐던 금과 은의 교환 비율은 도시에 따라 다르다는 점에 주목한 덕분이었다.

이해하기 쉽도록 예를 들면 A라는 도시에서는 금과 은의 교환 비율이 1 대 1, 즉 금 한 단위를 은 한 단위로 바꿔주는 식이었지만 B라는 도시에서는 그 비율이 2 대 1, 다시 말해 금 두 단위를 은 한 단위로 바꿔준다는 점을 알게 된 것이다. 이를 현대의 상황으로 바꿔 설명하면, A도시에서 은 10톤을 매입한 뒤 이를 B도시에 가져가면 금 20톤으로 바꿀 수 있고, 이 금 20톤을 다시 A도시로 가지고 돌아가면 은 20톤과 교환할 수 있다. 즉, A도시에서 매입한 은 10톤이 B도시를 거치면서 은 20톤으로 늘어난 것이다. 이러한 방식을 바로 재정거래라 한다.

메디치가는 이 재정거래를 통해 부를 점차 쌓아갔다. 그러나 그들이 거둔 성공의 최대 비결은 재정거래라는 방식이 아니라 재정거래라는 것 자체를 가능하게 한 '정보의 비대칭성'이었다.

정보의 비대칭성이란 각 시장 참가자의 정보 보유량이 다르다는 점에서 발생하는 거래 조건의 불균형을 말한다. 가령 매수자보다 매도자가 더 많은 정보를 갖고 있다면 매도자는 자신에게 유리한 거래 조건을 매수자에게 제시할 수 있다. 메디치가는 금과 은의 교환비율이 도시에 따라 다르다는 '정보'를 갖고 있었기 때문에 금과 은의 재정거래에 힘입어 막대한 부를 축적할 수 있었던 것이다.

이러한 정보의 비대칭성을 이용해 막대한 부를 얻은 또 다른 사례로는 워털루 전쟁 당시 있었던 로스차일드Rothschild가의 정보전을 들 수 있다. 워털루 전쟁은 1815년에 벌어진 프랑스 황제 나폴레옹 1세Napoleon I가 영국, 프로이센 등의 연합군과 벌인 전투를 말한다.

런던에서 로스차일드 가문을 일으킨 네이선 메이어 로스차일드Nathan Mayer Rothschild는 이 전투의 향방을 조심스럽게 주시하고 있었다. 이 싸움에서 나폴레옹이 이기면 영국의 국채는 폭락할 것이고, 그와 반대로 영국 연합군이 승리하면 국채가 급등할 것으로 전망되고 있었다. 로스차일드가의 정보망이 광대하고 빠르며 정확하다는 것은 유럽 내 금융계에 널리 알려져 있었기 때문에 당시 영구채의 거래와 연관된 금융 관계자들 모두는 네이선의 동향을 주시하고 있는 상황이었다.

네이선은 워털루 전쟁에서 영국 연합군이 승리할 것임을 남들보다 한 발 앞서 알고 있었다. 자신의 가문이 가진 정보망을 활용한 덕분이었다. 그럼에도 그는 침통한 표정으로 거래소에 나타났다고 한다. 그 모습을 본 주변 사람들은 당연히 그것이 영국 연합군의 패배 때문일 것이라 추측했다. 게다가 네이선이 영국 국채를 매도하는 주문을 내기 시작하자 그 추측과 우려는 어느새 확신으로 바뀌었다. 다른 시장 참가자들은 모두 영국 연합군이 패배했다고 믿고선 일제히 국채를 시장에 던져버렸고, 당연히 영국 국채의 가격은 크게 폭락했다.

바로 그때 네이선은 시장에 넘쳐 있는 국채 매도 주문에 대해 매수로 응했고, 이에 따라 폭락한 국채를 대량으로 손에 넣을 수 있었다. 그 뒤 영국이 승리했다는 정보가 퍼지자 대부분의 시장 참가자들은 매수 주문을 냈고 이것이 영국 국채 가격의 급등으로 이어져 네이선은 막대한 이익을 취했다.

나쁘게 보자면 네이선은 주변 참가자들을 속였다고 할 수 있지만 로스차일드가가 보유했던 정보망의 우수함은 칭찬할 만하다. 로스차일드가는 유럽 전역에 걸쳐 정보원을 보냈기 때문에 워털루 전쟁에서 나폴레옹이 패배했다는 정보를 누구보다 빨리 접했고, 그에 힘입어 막대한 부를 쌓았다. 그 정도로 당시에는 보유 정보의 유무에 따라 지역 간의 가치 재정이 유효하게 기능했음을 알 수 있다.

도요토미 히데요시의
축재법

일본에도 이러한 가치 재정에 따라 큰 부를 쌓은 인물이 있다. 아즈치모모야마安土桃山(오다 노부나가織田信長와 도요토미 히데요시豊臣秀吉가 정권을 장악했던 시기로 통상 1573~1603년을 지칭-옮긴이) 시대에 천하통일을 달성한 도요토미 히데요시가 바로 그 주인공이다.

히데요시가 활용한 것은 쌀의 재정거래였다. 쌀의 재정거래로 유명한 곳은 오사카의 도지마堂島 쌀 거래소다. 세계 최초의 선물先物 거래가 행해진 공설 시장이 바로 이곳이기 때문이다. 이 쌀거래소를 설립한 사람은 요도야바시淀屋橋에서 유명한 요도야淀屋(에도 시대에 있었던 오사카의 거상—옮긴이)였는데, 그 요도야를 지원했던 것이 도요토미 히데요시와 도쿠가와 이에야스徳川家康라고 알려져 있다.

쌀은 농작물이기 때문에 가을의 수확 시기에도 지역에 따라 풍작과 흉작이 다르게 나타난다. 가령 오사카 근교의 쌀 농가가 풍작이라 해서 일본의 다른 지역들도 반드시 풍작이라고는 할 수 없는 것이다.

그렇다면 만약 오사카가 풍작이고 다른 지역이 흉작일 경우엔 어떤 일이 벌어질까? 풍작인 오사카의 쌀 가격은 낮아지는 반면 흉작인 지역의 쌀 가격은 상승한다. 히데요시가 활용한 것이 바로 이 점이었다. 그는 오사카의 거상에게 쌀을 대량으로 사게 한 뒤 이를 흉작인 지역으로 옮겨 판매함으로써 가격 차이에 따른 이익을 올렸다. 히데요시는 위정자이자 무사였지만 상인으로서의 자질도 그 이상이었음을 알 수 있게 해주는 부분이다. 그에 힘입어 그는 상당한 부자가 될 수 있었다.

그 뒤 일본에선 1600년에 세키가하라関ヶ原 전투가, 그로부터 약 300년 후인 1923년에는 간토関東 대지진이 발생했다. 이 대지진 당시 누구보다도 빠르게 정보를 얻고 재정의 기회를 얻어 막대한 재산을 축적한 사람이 있다. '최후의 투기꾼'이라 불리는 고레가와 긴조是川銀蔵다.

간토 대지진이 일어났을 때 고레가와 긴조는 오사카에 있었다. 오사카는 지진이 심하지 않았기 때문에 긴조는 점심을 먹던 중 신문 호외에 실린 기사를 통해 간토 지방이 지진으로 엄청난 피해를 입었다는 사실을 알게 됐다. 이때 긴조의 머릿속에는 '함석판과 정을 사자'는 생각이 번뜩였다고 한다. 간토는 무엇보다 괴멸적인 피해를 입었기 때문에 그 지역의 모든 건물들도 쓰러졌을 터였다. '그렇다면 생존자들은 당장 비바람을 피하기 위해 간단한 집을 지어야 할 테니 함석판과 정이 필요할 것'이라는 데 생각이 미친 긴조는 오사카에 있는 함석판과 정을 잔뜩 사 모았다. 그리고 그의 예상대로 함석판과 정에 대한 수요가 단숨에 증가해 고레가와 긴조는 엄청난 부를 쌓았다고 한다. 구체적인 과정에 대해서는 고레가와 긴조의 자서전 《투기꾼일대相場師一代》에 서술되어 있으니 흥미 있는 분들은 한번 읽어보길 바란다.

유럽과 일본에서 거대한 부를 쌓은 사람들의 스토리를 보면 당시에는 정보가 상당히 큰 가치를 가지고 있었음을 알 수 있다. 누구보다 빠르게 정보를 입수하는 것으로 큰돈을 벌 수 있는 기회가 많았던 것이다. 로스차일드가가 워털루 전쟁에서 '나폴레옹이 진다'는 정보를 누구보다 빨리 얻고 영국 국채를 매점해 크게 번 것도 그렇고, 도요토미 히데요시의 경우엔 쌀의 재정거래를 성공시키기 위해 정보를 수집하는 사람을 전국에 배치해두고 있었다. 이처럼 누구보다 빨리 정확한 정보를 손에 넣고 가격의 재정 기회에 참가하면 부를 쌓을 수 있었다.

그러나 현대 사회에서는 이 방법이 통용되지 않는다. 당시에 비해 정보의 전달 속도가 현격히 빨라졌기 때문이다. 인터넷을 이용하면 세계 곳곳에서 일어나고 있는 일을 순식간에 파악할 수 있는 지금 시대에서 정보를 누구보다 빨리 얻고 재정 기회에 참가한다는 것은 불가능에 가깝다. 즉, 메디치가나 로스차일드가가 한 것처럼 거리를 활용한 재정거래는 불가능해졌다.

시간의 재정기회 역시 최근 들어 점점 사라지고 있다. 인간이 인지할 수 있는 시간의 길이보다도 훨씬 짧은 시간에 고속매매를 반복하는 HFT High Frequency Trading이 점차 보급되면서 시간의 경과에 따른 가격차가 점점 사라지고 있다. HFT는 많은 기관투자자들이 사용하는 거래 수법이지만 앞으로는 컴퓨터 처리 능력이 계속 발달함에 따라 고빈도 거래 역시 늘어날 것이다. 이것이 진행되면 진행될수록 가격은 평준화되고 시간적인 재정의 기회 역시 사라진다.

그렇다면 더 이상 재정은 활용할 수 없는 것일까? 아니, 결코 그렇지 않다. 재정이 작동하지 않으면 부를 축적할 기회 자체가 사라지고 마는 것이기 때문이다.

아무도 모르는 미래의
성장을 재정한다

재정기회에 주체적으로 참여하는 것은 동서고금을 막론하고 막대한 부를 축적하는 방법이다. 지금 시대에도 재정기회만 잘 찾으면 주식을 통해 누구나 이것을 할 수 있다. 주식에 투자한다는 것은 그때 그때 발생하는 가치의 재정에 참여한다는 의미다. 그러나 앞서 말한 것처럼 현대에는 정보의 전달 속도가 현격히 빨라져 장소의 재정을 활용할 수 없고, 컴퓨터의 처리능력 향상에 따라 시간적 재정의 기회 역시 점차 사라지고 있다.

이러한 상황 속에서는 어떤 재정거래가 가능할까? 여러 가지 중에서도 한 가지가 머릿속에 떠오른다. 이것은 시간적 재정의

한 종류지만 HFT처럼 극단적인 단시간에 일어나는 가치의 재정이 아니라 '불가능한 시간의 재정'을 하는 것이다. 불가능한 시간의 재정이란 현재와 미래의 재정을 가리킨다.

흔히들 "미래의 일은 아무도 모른다"라고 한다. 미래를 정확히 예측하는 것이 어렵다는 점을 나타내는 말이다. 그래도 여기서 이에 대해 잠시 생각해보길 바란다.

빌 게이츠Bill Gates는 어떻게 대부호가 될 수 있었을까? 이는 자기가 그린 장래의 비전을 향해 줄곧 걸어왔기 때문이다. 그는 윈도라는 운영시스템으로 간단히 컴퓨터를 조작하며 누구나 컴퓨터를 사용하는 시대가 올 것이라 생각했을 것이다. 그리고 그 미래상을 현실화하기 위해 지혜를 짜고 조직을 꾸렸으며 가치를 창출하는 마이크로소프트Microsoft라는 회사를 세웠다. 애플Apple의 창업자인 스티브 잡스Steve Jobs나 페이스북Facebook을 설립한 마크 저커버그Mark Zuckerberg 역시 마찬가지로 자신의 미래의 꿈과 비전을 그렸고 그것을 이루기 위해 꾸준히 노력하며 그 목표에 한 걸음씩 다가섰다.

물론 자신이 생각하는 미래의 꿈, 비전을 향해 노력하고 근접할 수 있는 사람들은 극히 일부에 한정되어 있다. 예를 들어 빌

주식밖에 없다

게이츠 이외의 사람들 중에도 미래에는 한 명당 한 대 꼴로 컴퓨터를 소유하는 시대가 온다는 것을 예상한 이들이 있었을 것이다. 그러나 빌 게이츠는 그런 예상을 바탕으로 자신이 꿈꾸는 바를 현실로 이루어낼 수 있었던 반면, 같은 생각을 가졌을 다른 사람들은 이것이 불가능했다. 그 이유는 미래의 꿈과 비전에 대한 상상의 강도가 달랐기 때문이다.

일본의 기업가 중에서도 이처럼 강한 생각을 가지고 회사를 크게 성장시킨 사람들이 많다. 패스트리테일링Fastretailing의 회장 겸 사장으로 일본에 캐주얼웨어를 정착시킨 핵심 인물 야나기 타다시柳井正도 그중 하나다. 이 회사의 브랜드인 유니클로Uniqlo는 일본인의 패션에 혁명적인 변화를 가져왔다고 해도 좋을 정도다. 내가 막 사회인이 되었던 무렵만 해도 남성들은 평일에는 정장, 휴일에는 하나같이 골프웨어를 입었다. 당시엔 패셔너블한 캐주얼웨어 자체가 없었고, 데님은 무조건 학생들이 입는 옷이므로 성인 남성이 입을 만한 것이 아니라는 이상한 상식이 퍼져 있었다. 그런데 여기에 파문을 일으킨 것이 야나기 타다시였다. 아마 야나기는 캐주얼 패션에 큰 가능성을 보았을 것이다. 덧붙여 말하면 그는 안목이 높았다.

야나기 타다시가 대단한 이유는 본래 소매업이었던 캐주얼 패션을 제조업으로 전환시켰기 때문이다. 소매업을 하면서도 패션 사업에도 관여했던 그는 시스템적인 사고가 가장 많이 필요한 제조업과 자신이 가진 예술적 센스를 서로 접목시켜 비즈니스 체계를 구축했다. 그는 가격 경쟁력이 있는 지역에 생산 거점을 마련했고, 점포를 설계하는 단계 및 제품을 직접 제작하는 단계에 이르렀으며, 소재전문업체인 도레이Toray와 협력해 소재 혁신까지 이뤄냈다. 단순한 소매업으로 끝내지 않고 제조업으로까지 비즈니스 모델을 확대해나간 것이다.

패스트리테일링은 본래 1949년 야마구치山口 현의 우베宇部 시에서 '멘즈숍오고리상사Mem's shop Ogori Shoji'라는 이름으로 창업한 회사였다. 1984년에는 '유니크 클로징 웨어하우스Unique clothing Warehouse'를 축약한 '유니클로'라는 브랜드로 히로시마廣島 시에 제1호점을 열었다.

야나기 타다시는 멘즈숍오고리상사를 세운 아버지의 뒤를 이어 1984년에 사장으로 취임했기 때문에 정확히 말하자면 창업자가 아니다. 하지만 아마도 이 시점에서 그는 자신이 앞으로 나아갈 미래에 상당히 높은 산이 있다는 점을 인식했을 것이다. 투자라는 것은 현 시점에서 봤을 때 자신이 서 있는 위치와 미래에 올라갈 산 정상과의 차이를 재정해가는 것과 다를 바 없다. 이것이 바로 '불가능한 시간의 재정'이다. 그리고 자본가의 입장에서 보면 그 목적지에는 큰 기회가 기다리고 있다.

앞서 말한 HFT 등은 주로 기관투자자가 사용하는데, 자금이 기관투자자들에게 몰리면 같은 재정거래라도 가능한 한 수익이 확실한 쪽으로 돈이 이동하게 된다. 연금이나 헤지펀드는 사람들의 돈을 받아 운용하고 있기 때문에 불확실성이 낮고 단기적인 운용에 얽매이며, 불가능한 시간의 재정에는 결코 나서지 않는다. 그렇기 때문에 불가능한 시간의 재정에는 더욱 많은 기회가 숨겨져 있는 것이다.

진짜 주식 투자란 가까운 미래에서 상당히 먼 미래까지 세상이 앞으로 어떻게 변화할지 생각하고, 향후 성장 가능성이 있다고 판단되는 기업에 자금을 넣는 것이다. 이런 면에서 주식 투자는 '미래'에 참여한다는 것과 같은 의미를 갖는다.

공개정보로 보는
투자 아이디어

앞서 나는 '정보의 전달 속도가 빨라진 결과 장소의 재정이 통하지 않게 되었다'고 언급했다. 그럼에도 '어쩌면 정보 그 자체에는 아직 재정기회가 남아 있을지도 모른다'는 생각이 최근 문득 든다. 같은 정보가 전달되어도 사람에 따라 받아들이는 방법이 다르기 때문이다. 나 개인적으로도 이런 경험이 있는데, 그에 대해 잠시 이야기해보려 한다.

스팍스그룹Sparx Group이라고 하면 조금 투자에 관심이 있는 사람들은 '일본 주식을 액티브하게 운용하는 투자신탁회사'라고 생각할지도 모르겠다. 그러나 현실은 조금 다르다.

스팍스그룹은 스팍스에셋매니지먼트Sparx Asset Management를 중심으로 일본 주식과 아시아 주식을 편입해 운용하는 액티브 운용 투자신탁회사라는 이미지가 강하다. 그러나 사실 국내에서 판매되는 투자신탁운용이 이 그룹의 전체 매출에서 점하는 비중은 3분의 1 정도에 지나지 않는다. 이 그룹은 중동 등의 국가 자금을 운용하는 소버린웰스펀드Sovereign Wealth Fund 등 해외로부터 위탁받아 일본 및 아시아 주식을 운용하고, 또 재생 가능한 에너지 발전 시설이나 부동산에 투자하는 펀드나 비상장주식펀드도 조성해 운용 중에 있다. 다시 말해 자산운용 비즈니스라 해도 투자신탁의 설정·운용 이외의 부분이 상당히 큰 것이다. 그중 내 경험은 재생 가능 에너지 사업과 관련이 있다.

2012년에 일본에는 재생가능 에너지를 중심으로 한 전력 공급체계를 구축하기 위해 고정가격매매제도Feed in Tariff, FIT가 도입됐다. 이는 태양광 발전, 풍력 발전, 바이오매스biomass(화학적 에너지로 사용 가능한 동식물이나 미생물 등의 생물체-옮긴이) 발전 등의 재생가능 에너지로 만들어 낸 전기를 일정 가격으로 정부와 전력 회사가 사주는 제도다. 매입 가격이 고정돼 있으면 발전사업자도 장래의 현금흐름을 예측하기 쉬워진다. 그 결과 여러 곳에서 태양광 발전을 중심으로 발전 사업에 뛰어드는 기업과 개인이 급증했다.

나는 FIT 제도가 일본에서도 시행된다는 뉴스를 들은 순간 '이건 앞으로 성장할 사업이 확실하다'는 생각이 들면서 재생가능에너지의 발전 시설에 투자하는 사업에 참여해야겠다고 판단했다. 원래는 스팍스그룹 내의 사업으로 시작할 계획이었지만 이 법률이 제정되고 나서 얼마 후 '도쿄 도가 관민연계의 재생가능에너지 펀드 운용사업자를 모집한다'는 신문 기사를 보고선 이것이 기회다 싶어 계획을 바꾸었다. 이 모집 공고에 지원한 나는 사업 계획에 대한 프리젠테이션을 한 뒤 운영사업자로 선택돼 도쿄 도도 투자하는 제1호 펀드를 약 100억 엔 규모로 설립했다.

현재 스팍스그룹이 관여하는 태양광, 풍력, 지열, 목질 바이오매스의 발전소는 전국 20개 이상의 곳에 설치돼 약 300메가와트의 전력을 공급할 예정에 있다. 그러나 이 그룹이 이러한 재생가능 에너지 발전 사업에 관여하게 된 것은 다른 전초전이 있었기 때문인 것도 사실이다.

앞서 말했듯이 스팍스그룹은 중동 국가 등의 SWF를 위탁운용하고 있다. 그 덕분에 중동 국가 투자자들과의 접점이 있어, 나는 그들의 이야기를 들을 기회가 있었다.

어느 때부터인가 그들은 '스마트그리드Smart Grid'라는 단어를 빈번히 입에 올리기 시작했다. 지금으로부터 6년도 더 된 이야기다. 솔직히 당시 나는 스마트그리드의 의미를 잘 몰랐지만, SWF 운용 관계자들이 자주 사용하는 단어이다 보니 이는 세상을 크게 바꿀 무언가가 아닐까 하는 생각이 들었다. 그리고 점차 스마트그리드가 바꿔갈 세상의 큰 변화에 대한 이미지가 머릿속에 떠오르게 됐다. 정말 그 순간 내 눈앞에는 하나의 산이 우뚝 솟았던 것이다.

지금은 누구나 스마트그리드가 어떤 것인지 대략적인 이미지를 갖고 있을 것이다. 스마트그리드는 전기와 정보가 네트워크에 편입되어 전력 사용, 발전, 송전의 최적치를 조정하는 플랫폼에 해당한다. 간단히 말하면 스마트그리드 사회는 '정보와 전기가 쌍방향으로 동시에 흐르는, 에너지 사용이 최적화된 사회'라 할 수 있다.

지금까지 전기는 항상 모든 송전선에 풀로 공급되었고, 사람들은 자신이 사용하고 싶으면 언제나 스위치를 켜거나 콘센트에 플러그를 꽂아 전기를 공급받았다. 전기를 사용하지 않을 때에도 전기는 송전선에 계속 흐르고 있는 상태였다.

이에 반해 스마트그리드는 필요한 때에 필요한 만큼의 전기를 공급받는 구조다. 예를 들어 A씨가 집을 비워 거의 전기를 사용하지 않을 시에는 A씨 집에 공급되는 전력을 줄이는 한편 집에 계속 있는 B씨에게는 필요한 만큼의 충분한 전력을 공급하는 식이다. 즉, 과거에 비해 전력의 공급이 상당히 세심하게 이루어지는 것이다. 또한 자기 집의 태양광 패널 등에서 자가 발전한 전기를 자신이 사용하지 않을 때에는 다른 가정에 공급하는 등 쌍방향의 전기 흐름도 가능하게 한다. 종합적으로 보면 전기가 수요와 공급의 밸런스 면에서 최적화되어 효율성이 높아지는데, 이러한 조정이 IT로 행해지기 때문에 스마트그리드 사회는 '정보와 전기가 쌍방향으로 흐르는 사회'라고 불린다.

나는 '스마트그리드 기술이 보급되면 세계는 극적으로 바뀔 것'이라는 생각이 들었고 이것이야말로 일본에게 최대의 기회이자 일본 기업이 강점을 발휘할 수 있는 분야라고 판단했다. 그 이유는 무엇일까?

사무용 빌딩의 경우를 예로 들어보면, 이 빌딩의 전력 소비는 '조명' '공기 조절' '동력'이라는 세 가지 요소로 대부분 설명될 수 있다. 조명에 대해선 굳이 설명할 필요가 없을 것이고, 공기 조절 시스템이 없으면 고층 빌딩에서의 생활에도 문제가 생긴다. 특히나 초고층은 창문이 열리지 않기 때문에 공기 조절 시스템을 반드시 갖춰야 한다. 그리고 동력은 엘리베이터나 물을 최상층으로 끌어올리는 펌프를 작동시키기 위해 필요하다.

이렇게 생각하면 스마트그리드 사회에 필요한 핵심 기술들은 모두 일본 기업이 갖고 있다는 것을 알 수 있다. 조명 기구 시장에서는 일본 제품이 압도적인 우위를 점하고 있고 공기 조절 시스템, 즉 에어컨의 경우에도 일본 제품의 품질이 좋다는 것은 전 세계에 널리 알려져 있다. 동력과 관련된 일본 제품 기술의 우수성도 확실하다. 이런 점에서 스마트그리드 시대에 필요한 핵심 기술과 제품을 총체적으로 제공할 수 있는 나라는 일본밖에 없다. 나는 이러한 생각들을 바탕으로 한 스마트그리드 펀드의 콘셉트를 중동 SWF에 제안하여 상당히 뜨거운 관심을 받았다. 그리고 이 펀드는 현재 1,000억 엔 규모로까지 성장했다.

당시의 경험이 있었던 덕에 '도쿄 도가 관민연계의 재생가능 에너지 펀드 운용사업자를 모집한다'는 뉴스를 보고선 즉각 반응할 수 있었던 것이지만, 이것이야말로 내게 있어서는 산이었다고 생각한다. 스마트그리드 이야기든 재생가능 에너지 펀드 운영사업자 이야기든, 그 뉴스를 들은 순간 사람들의 관심은 보통 '이런 것이 있구나' 하는 정도에서 끝나기 때문이다.

정보에 대한 반응 방식은 사람에 따라 크게 다르다. 마이크로소프트의 빌 게이츠, 페이스북의 마크 저커버그, 패스트리테일링의 야나기 타다시는 각각 자신이 보고 들은 정보를 바탕으로 미래를 그려보고 그 미래상을 자신이 올라야 하는 산으로 인식해 실제로 등정한 사람들이다. 같은 정보를 접했음에도 현실에서 전

혀 움직이지 않거나 혹은 움직일 수 없는 사람들이 대부분이다. 같은 산을 보긴 했지만 그것에 실제로 올라보겠다는 생각을 행동으로 옮기는가의 여부는 최종적으로 그 사람이 가진 감성에 달린 문제다. 앞서 언급했던 혼다 세이로쿠가 쓴《나의 생활방법 私の生活流儀》이라는 책에는 이런 부분이 있다.

내가 유망주에 투자하거나 토지, 산림에 관심을 가진 때는 청일전쟁 직후 일본 경제의 상승기였다. (중략) 복권을 사면 반드시 100만 엔이 당첨된다고 할 수 있는 그때, 급료와 매상에서 일정 부분을 떼어내 복권 구입에 쓴다 한들 얼마나 많이 살 수 있었겠는가.

투자 성공을 위한 힌트는 여기에 숨겨져 있다. 증권 시장에 자금을 투자하는 투자가는 아무것도 없는 밑바닥에서부터 사업을 일궈나가는 기업가와는 다르다. 하지만 산의 정상을 보고 그곳에 오르겠다는 의식이 강하면 투자가로서 성공하는 티켓을 손에 넣을 수 있다.

재생가능 에너지 사업에 대해 한 가지 덧붙여 말할 것이 있다. 스팍스그룹이 현재 일본 전국에서 시행 중인 재생가능 에너지 발전 사업을 통해서는 약 300메가와트의 전력이 공급될 것으로 예상되는데, 이 규모를 세 배로 키울 수 있다면 원자력 발전 1기에 해당하는 전력공급량을 달성하게 된다. 원래 이 사업을 시작한 것은 FIT 제도가 시작됐기 때문이지만 그 전에 동일본 대지진의 영향으로 후쿠시마 원자력 발전소에서 일어난 대형 사고가 원인이 되었다. 그러므로 우리는 재생가능 에너지 사업을 통해 최소한 원자력 발전 1기와 동일한 수준의 발전 공급량을 달성할 계획인데, 이는 멀지 않은 미래에 실현될 것이라 확신한다.

인공지능,
사물인터넷에 투자해라

현재 스팍스그룹은 미래 창조를 위한 투자 사업에도 힘을 쏟고 있는데, 2015년 11월에 조성한 '미래창조펀드'가 그것이다. 토요타와 미츠이스미토모三井住友은행이 출자자로 참여한 이 펀드는 총 약 135억 엔을 출자받아 운용을 시작했다. 2017년 3월 말 현재 이 펀드에는 이 두 회사와 스팍스그룹을 포함, 총 19개사가 참여하고 있고 펀드의 운용자산은 365억 엔이 됐다.

앞서 말한 스마트그리드의 세계에서는 정보와 전기가 동시에 흐르는, 에너지의 효율적인 유통을 실현할 수 있다. 지금부터는 정보와 물건이 결합되어 생겨날 수 있는 서비스에 관한 이야기를 해보려 한다.

미래창조펀드는 바로 이러한 미래상의 실현을 위해 자금을 투자하고 있는데, 그 미래상을 지탱하는 기술에는 인공지능artificial intelligence, AI과 로봇, 사물인터넷Internet of Things, IoT 및 수소사회 인프라가 있다. 미래창조펀드가 지금까지 투자해온 비상장기업들은 다음과 같다.

세보(Xevo)	소프트웨어 회사
키메타(Kymeta)	위성통신용 안테나 기술을 개발하는 벤처회사
에너지파워시스템스 (Energy Power Systems)	에너지 축적 기술을 개발하는 벤처회사
휠(Whill)	차세대 퍼스널 모빌리티의 개발 및 판매 회사
소라컴(Soracom)	사물인터넷 관련 통신 서비스 회사
그루브엑스(Groove X)	가정용 로봇 개발 회사
겟어라운드(Getaround)	차량 공유 벤처회사
프리(Freee)	인공지능을 활용한 클라우드형 회계 소프트웨어 회사
핀크(FiNC)	헬스케어 관련 벤처회사

투자회사로서 현재 스팍스그룹이 전망하는 '산'의 3대 테마는 인공지능과 사물인터넷, 로봇, 수소사회 인프라다. 이 표의 오른쪽에 적은 투자 분야들은 이런 테마와 연결되어 있다.

먼저 인공지능에 대해 이야기해보자. 지금까지는 인간이 방대한 데이터를 입력해 인공지능에게 주입하는 과정이 필요했다. 하지만 현재는 딥러닝deep learning, 즉 인공지능 스스로가 여러 학습 데이터에서 특징을 추출해 가장 적합한 해결 방법을 찾는 것이 가능한 단계까지 발달했다. 즉, 인간의 뇌에 한층 가까워진 것이다.

로봇도 크게 진화하고 있다. 공업용 로봇처럼 같은 장소에서 같은 작업을 정확히 반복하는 기능을 가진 로봇들은 지금까지 많이 있었다. 하지만 현재는 인간이 머릿속에서 생각한 대로 움직일 수 있는 로봇들이 주목받고 있고, 심지어 사이보그에 가까운 타입의 로봇이 실용화에 들어서는 단계에 이르렀다.

사물인터넷은 여러 사물이 인터넷에 연결된 것을 뜻한다. 여기서의 사물은 모든 물건들을 지칭한다. 일례로 집과 멀리 떨어진 곳에서도 스마트폰을 이용해 집의 욕조에 따뜻한 물을 받게 하는 것은 이미 실현되어 있는데, 이런 기술 구조는 가전제품이나 자동차 등에도 점차 응용할 수 있다. 그 외에 생산 현장의 라인을 인터넷에 접속시켜 제어할 수 있는 것도 사물인터넷의 일종에 속한다.

혹시 일본의 자동차 보유대수를 알고 있는가? 2015년을 기준
으로 하면 승용차는 6,098만 7,342대에 이른다. 그러나 전체 가
동률은 10%에도 미치지 않는다. 승용차를 구입한 개인들의 대
부분은 휴일에만 차를 사용할 뿐 평일에는 거의 타지 않기 때문
에 가동률이 이처럼 낮은 것이다. '구슬이 서 말이어도 꿰어야 보
배'라는 말이 떠오른다.

자동차가 필요한 사람과 자동차를 소유한 사람의 연결을 플랫
폼상에서 구현한 업체가 바로 우버Uber다. 이러한 사업이 가능
해지기까지는 컴퓨터 처리 능력의 향상이라는 요소 덕도 있었지
만 많은 사람들이 스마트폰을 이용해 연결되어 있다는 점이 크
게 작용했다. 일반 유선 전화가 1억 3,000만 대에 이르기까지는
89년이라는 시간이 걸렸다. 다시 말해 1억 3,000만 명의 사람들
이 연결되는 데는 89년이 필요했던 셈이다. 그런데 스마트폰의 경
우는 어떠한가? 스마트폰이라는 것이 탄생한 지는 10년도 채 지
나지 않았는데 현재 전 세계에는 무려 35억 대의 스마트폰이 보
급되어 있다. 즉, 35억 명의 사람들이 스마트폰으로 연결되어 있
고, 그로써 항상 새로운 정보도 거대한 클라우드에 축적되고 있
는 것이다.

주목하고 싶은 것은 이렇게 많은 사용자 수뿐만 아니라 이런

시스템이 보급되고 있는 속도다. 인터넷에 접속되어 있는 엄청난 수의 사람들을 연결하는 플랫폼을 만들면 이는 막대한 경제적 효과를 발생시킨다. 그러한 플랫폼을 자동차에 접목시킨 것이 우버고, 이를 전력 시장에 적용하면 앞서 말한 스마트그리드가 된다.

에어비앤비Airbnb 역시 그와 같은 발상으로 민박과 여행자를 연결하여 성공을 거둔 기업이다. 만약 당신에게 집 두 채가 있다고 가정해보자. 한 채에는 당신이 살고 있지만 다른 한 채는 사용되지 않은 채 비어 있다. 빈집을 그대로 두면 공간을 낭비할 뿐이지만 그 지역으로 여행을 와서 민박 시설을 싸게 이용하고 싶어 하는 여행자에게 빌려주면 수익을 창출할 수 있다. 그러나 개인의 힘으로는 거래 상대를 찾기가 힘들기 때문에 우버와 동일한 콘셉트인 에어비앤비를 활용하면 스마트폰을 통해 연결되어 있는 수십만 명의 사람들에게 정보를 제공하고, 자신이 제시한 조건에 맞는 사람을 찾을 수 있다.

이러한 인공지능이나 사물인터넷, 로봇, 수소사회 인프라로 세상이 크게 바뀌고 있다는 생각에 스팍스그룹에서 만든 것이 미래창조펀드다. 많은 투자자들은 인공지능과 로봇, 사물인터넷 등 새로운 시대의 산을 보고 지금 그것에 오르기 시작하고 있다. 그 산을 바라보며 벤처기업가는 '새로운 사업을 설립하고 궤도에 올

주식밖에 없다

려 정상에 오르겠다'고 생각할 것이고, 투자자는 '이것과 관련도가 높은 테마의 기업들을 남들보다 빨리 발견해서 자금을 투자하고 수익을 얻겠다'고 생각할 것이다.

자본주의의 형태가
크게 바뀐다

앞서 말한 것처럼 인공지능이나 사물인터넷, 로봇, 수소사회 인프라에 따라 세계는 극적인 변화를 겪을 것이다. 어쩌면 자본주의라는 개념 자체가 크게 바뀔지도 모른다. 무엇보다 지금까지의 자본주의 경제는 물건을 만드는 사람에게 그것을 사는 사람이 돈을 주는 흐름이었지만, 우버나 에어비앤비 등을 보면 아무래도 이런 개념만으로는 설명할 수 없는 부분이 있다.

요즘에는 '자본주의는 이제 한계에 도달했다'는 이야기가 들려온다. 특히 선진국에서 생활하는 이들은 집과 자동차 등 여러 가지 것들을 소유한 상태인데, 이미 가지고 있으니 더 사라고 부추

주식밖에 없다

겨도 혹하지 않을 것이다. 이런 점에서 선진국의 경제는 한계에 이르렀다는 것이 일반적인 시각이다.

그런데 정말 그럴까? 가령 내가 거의 사용하지 않는 자동차를 우버를 통해 다른 사람에게 빌려주고 그에 따른 사용료를 받는다면 어떨까? 그 돈이 어느 정도 모이면 그런 용도로 쓸 자동차를 한 대 더 사서 사업을 확대해보겠다고 생각하는 사람도 생기지 않을까? 에어비앤비를 통해 빈집을 타인에게 빌려준 사람들도 이와 마찬가지로 집 한 채를 더 사고 싶어질지 모른다. 이런 점에서 보면 소비의 감소세는 세간에서 말할 정도로 크지 않을 것 같다.

경제의 근본적인 메커니즘은 언젠가 극적으로 바뀔 가능성이 있다. 지금 선진국 경제에서 일어나고 있는 것처럼 말이다. 이런 상황 속에서 개인들은 어떻게 행동해야 할까? 이를 전망하기 위해서는 역시 역사를 돌이켜볼 필요가 있다.

자본주의가 발생한 것은 산업혁명 이후다. 《국부론國富論》으로 유명한 애덤 스미스Adam Smith에 따르면 당시 자본주의의 주체로는 지주地主, 자본가, 노동자 등의 세 카테고리밖에 없었지만 실은 노동자의 밑에 '실업자'가 있고 그들을 노동자로 만드는 것이 당시 경제의 목적이었다. 그러나 당시 자본주의 경제하에서 노동자와 실업자 사이의 계급 간 이동은 있었던 데 반해 지주와 자본가, 노동자 사이에서는 그것이 거의 이루어지지 않았다. 즉, 노동자는 아무리 열심히 일해도 노동자로 생을 마치는 것이 보통이었고 지주는 아무리 무능해도 평생 자기의 지위를 유지할 수 있었던 것이다.

하지만 지금은 누구든 자신이 좋아하는 일을 지향할 수 있는 시대다. 노동자라도 자기가 원한다면 자본가가 될 수도, 혹은 지주가 될 수도 있는 시대를 우리는 살고 있다. 그러므로 지금은 별 보람도 없는 일을 하며 회사를 다니는 사람이라 해도 자본가가 되어 인생을 크게 변화시킬 기회는 충분히 가질 수 있다.

제 3 장_

자본가가 되기 위한 첫걸음, 저축

정기 저축으로 종잣돈을 만들어라

주식 투자를 하든 부동산 투자를 하든 제일 먼저 필요한 것은 '종잣돈'이다. 1장에서 다룬 혼다 세이로쿠의 '4분의 1 저축법'에서 알 수 있듯 종잣돈을 만드는 가장 효과적인 방법은 정기 저축이다. 이것 외에 종잣돈을 만들 수 있는 방법은 없다.

사실 이 방법에는 상당한 스트레스가 동반된다. 확실하게 저축을 하려면 돈을 쓰고 싶다는 유혹을 이겨내야 하기 때문이다. 게다가 수입의 4분의 1을 저축으로 돌리려면 '절약'이라는 원칙을 마음속에 새겨야 함은 물론 실제 행동으로도 이뤄내야 한다. 애초에 인간은 욕망에 약한 동물이지만, 여러 욕망을 이겨내지 않

주식밖에 **없다**

으면 돈을 모을 수 없다. 그 욕망을 이겨내는 유일한 방법이 급여의 일부분을 강제로 저축하는 정기 저축이다.

매월 급여가 100이라면 그중 30을 정기 저축으로 돌리자. 만약 지금까지 100으로 생활해온 사람이라면 '70만으로는 도저히 생활할 수 없다'고 생각할 수도 있다. 그런데 희한하게도 사람은 70밖에 없으면 의외로 생활도 그 예산에 맞추게 된다.

다만 중요한 점이 한 가지 있다. 독신자라면 상관없지만 기혼자라면 먼저 자신의 배우자에게 자산 형성의 중요성을 확실히 전달해야 한다는 점이다. 낭비벽이 있는 사람을 배우자로 선택해선 안 되지만, 그런 사람을 이미 배우자로 택한 경우라면 상대가 납득하도록 잘 설득할 필요가 있다.

정기 저축이 자본가가 되는 첫걸음이라는 것은 유명한 작가인 조지 S. 클라슨George S. Clason이 쓴 《바빌론 부자들의 돈 버는 지혜The Richest Man in Babylon》라는 책에도 나와 있다. 바빌론의 부호들은 한 달의 수입 전액을 한 지갑에 넣지 않고 일부를 항상 다른 지갑에 넣어두며 그 돈에는 결코 손을 대지 않는다고 한다.

혼다 세이로쿠의 이야기나 바빌론 부자들에 관한 이야기는 이제 고전의 부류에 속한다고 할 수 있다. 사실 지금은 그때보다 종잣돈을 만들기가 훨씬 편한 환경이 되었다. 당시에는 자기가 번 돈의 일정 부분을 다른 주머니에 넣으려면 매번 자신의 의지를 발휘해야 했지만 이제는 자동이체 시스템이라는 것이 생겼기 때문이다. 급여용 계좌에 들어온 금액 중 일정액이 자신의 다른 계좌로 옮겨지니 그 돈에 손을 대고 마는 사태는 벌어지기 어렵다. 그러므로 지금은 혼다 세이쿠로의 시대보다 편하게 저축할 수 있는 시대인 것이다.

종잣돈은 얼마나 있어야 할까?

그렇다면 종잣돈은 얼마나 있어야 할까? 일단 300만 엔쯤을 모은다면 그 돈으로 첫 투자를 할 수 있을 것이다.

첫 월급이 세후 20만 엔이라 가정하고 그 4분의 1을 저축하면 매월 저축하는 돈은 5만 엔이다. 이렇게 하면 1년에 60만 엔을 모으고, 5년 뒤에는 300만 엔이 만들어진다. 22세에 취직했다면 5년이 지나 27세가 되는 시점에는 300만 엔의 자산을 보유하게 되는 셈이다.

그다음에는 이 300만 엔을 종잣돈 삼아 주식 투자를 시작하자. 이렇게 하면 드디어 자본가로서의 첫걸음을 내딛게 된다. 투자할 종목을 엄선하면 배당금과 시세 차익을 합쳐 연평균 15% 정도의 이익이 실현 가능하다고 나는 생각한다. 만약 엄선한 종목들로 매년 평균 15%의 수익을 기록한다면 10년 뒤에는 원금이 750만 엔으로까지 불어나게 된다. 연간 45만 엔의 이익이 발생하기 때문이다. 이는 단리로 계산한 것인데 이렇게 얻은 수익을 원금에 더해 재투자한 뒤 연평균 15%의 수익을 거두며 운용을 지속한다고 가정하면 처음에 300만 엔이었던 원금은 10년 만에 1,213만 엔에 이른다.

이것이 37세에 얻을 수 있는 군자금이다. 그런데 이에 그치지 않고 매년 같은 수익률을 올리며 그 자금을 10년간 더 운용하면 얼마가 될까? 답은 4,907만 엔이다. 이것이 50세가 되는 시점에는 7,462만 엔, 51세의 시점에는 8,581만 엔까지 늘어난다.

일반적으로 50세가 되면 자신의 노후를 본격적으로 생각하게 된다고들 한다. 그러나 현실은 이와 반대로, 50세가 되었음에도 그 이후의 삶에 대해 거의 아무런 준비를 하지 못한 사람들이 대부분이다. 금융공보중앙위원회金融広報中央委員会의 조사에 따르면 50대 가구에서 '저축이 전혀 없다'고 응답한 비중은 전체의 30%에 달한다고 한다. 이런 이들과 비교해보면 51세에 8,581만 엔의 개인 자산을 보유한 사람의 수는 극히 적다.

이상의 시뮬레이션에 대해 '이건 우물가에서 숭늉 찾는 격'이라는 의견도 나올 수 있지만, 투자처만 제대로 선택한다면 연 15%의 수익률은 결코 불가능한 것이 아니다. 이 정도의 수익을 낼 수 있는 기업을 고르려면 어떻게 해야 하는지에 대해서는 뒤에서 구체적으로 자세히 설명하겠다.

돈은 정중하게
다뤄라

여러분은 돈을 정중하게 다루고 있는가? 돈을 정중하게 다룬다는 것의 구체적인 뜻은 '물건이나 서비스의 가치에 알맞은 돈을 지불한다'는 것이다. 당신은 과연 그런 사람인지 가슴에 손을 얹고 생각해보길 바란다. 현실에선 그렇지 않은 사람들이 의외로 많다.

예를 들어 페트병에 들어 있는 생수 350ml의 정가가 110엔이라고 가정해보자. 당신 생각에는 이 가격이 비싼 것 같은가, 아니면 싼 것 같은가?

나는 솔직히 비싸다고 생각한다. 해외 유명 브랜드의 생수를 자판기에서 사면 110엔 전후일 것이고, 편의점에서 사도 이와 비숫한 수준일 것이기 때문이다. 만약 이 생수를 자판기나 편의점에서 매일 구입하는 사람은 100엔이라는 가격이 비싸다고 생각하지 않을 것이다. 하지만 슈퍼마켓이나 대형할인점에서는 같은 브랜드의 생수 2L짜리를 한 병당 100엔 이하의 가격으로 살 수 있다. 즉, 같은 생수지만 가격은 5분의 1 이하가 되는 것이다.

매일같이 슈퍼마켓이 아닌 편의점에서 식료품을 사는 것도 낭비의 전형적인 예다. 편의점에 갔다가 필요한 것뿐 아니라 다른 것까지 사버리는 경험을 한 사람도 있을 것이다. 혹은 외출했을 때 비가 내리는 바람에 근처 편의점에 들어가 비닐우산을 샀던 경우도 있을 수 있다. 비를 조금 맞더라도 집이나 회사로 돌아가 거기에 있는 우산을 사용할 수도 있었는데 말이다.

마치 편의점이 나쁜 것이라도 되는 양 말해버렸지만, 이렇게 쓸데없이 사용하면 좀처럼 돈을 모을 수 없는 것이 사실이다. 또한 지출을 철저히 줄이는 것도 중요하지만 그와 더불어 돈은 물건이나 서비스 본래의 가치에 맞게, 또 자신에게 필요한 것에만 써야 한다. 이것이 돈을 정중하게 다루는 태도다.

하나를 보면 열을 안다고, 일상생활에서의 자잘한 돈 씀씀이는 주식 투자에서도 나타난다. 페트병 하나짜리 생수보다 몇 백배 비싼 곳에 자금을 넣는 것이 주식 투자인데, 그 기업의 주식에 그 정도의 가치가 있는지는 전혀 이해하지 않은 채 그저 단순히 지금 주가가 상승하고 있다는 이유만으로 간단하게 자금을 투자해버리는 투자자가 상당히 많다. 이런 투자 방식으로는 절대 성공할 수 없다.

돈을 자잘하게 쓰는 또 다른 전형적인 예에 해당하는 것이 인덱스 운용이다. 인덱스 운용은 최근 들어 확산되고 있는데 특히 최근 4~5년 동안에는 '인덱스 펀드는 비용이 싸서 좋다'는 풍조가 강해졌다.

구체적으로는 뒤에 가서 설명하겠지만, 인덱스 운용이란 시장을 통째로 사는 투자법이다. 토픽스TOPIX를 예로 들어보자. 토픽스는 도쿄증권거래소 1부시장의 전 종목으로 구성된 지수를 뜻하므로, 토픽스와 연동되는 인덱스 펀드는 이 시장에 상장된 전 종목에 투자하는 것과 같은 투자 성과를 지향한다. 하지만 이는 마치 옥석을 가리지 않고 투자하는 것이나 마찬가지다. 도쿄증권거래소 1부에 상장된 종목 수는 2017년 4월 28일 현재 2,019개다. 이렇게나 종목 수가 많지만 개중에는 상장 가치가 전혀 없는 기업들도 상당수가 있는데, 토픽스형 인덱스 펀드를 사면 이러한 종목에도 투자해버리게 된다.

본래 주식 투자는 기업의 가치를 분석한 뒤 주가가 싼 것을 찾아 자금을 넣는 것이다. 정말 좋은 가치를 가졌지만 합리적인 주가가 형성되어 있지 않은 기업에는 투자를 해도, 비합리적으로 주가가 형성된 상태의 기업에는 손을 대지 않는 것이 주식 투자의 정석이다. 이것은 생수라는 본질적인 가치에 대해 상대적으로 싼 가격이 붙은 제품을 사는 것과 마찬가지다. 돈을 정중하게 다뤄야만 주식 투자에서도 성공하는 길이 열린다.

무엇이든
밸류에이션을 해봐라

돈을 복잡하고 자잘하게 사용하지 않으려면 어떻게 해야 할까? 일단 일상생활에서 돈을 쓸 때는 자신이 사려는 물건이나 서비스에 대해 반드시 밸류에이션valuation, 즉 상대적으로 싼지 비싼지 판단하는 작업을 계속 해야 한다.

긴자銀座의 가장 비싼 동네에 있는 프렌치 레스토랑에 갔다고 가정하고 밸류에이션에 대해 생각해보자. A 레스토랑은 자사의 빌딩에 자리하고, B 레스토랑은 빌딩의 세입자로 들어가 있다. A 레스토랑이 있는 빌딩은 30년 이상 전에 세워진 것이라 건축비 등은 완전히 지불이 끝난 상태다. 만약 A 레스토랑과 B 레스토랑에서 같은 2만 엔짜리 코스 요리가 나왔다면 어느 쪽의 퀄리티가 보다 높을까?

틀림없이 답은 A 레스토랑이다. 우선 이곳의 음식값에는 장소 대여료가 포함되지 않는다. 그러나 B 레스토랑은 세입자로 빌딩에 들어와 있기 때문에 매월 월세를 내야 한다. 월세라는 용지사용비가 코스 요리의 요금에 포함되어 있기 때문에 B 레스토랑은 똑같이 2만 엔짜리 코스라 해도 식재료의 질을 떨어뜨릴 수밖에 없다.

고객이 음식을 남겨 낭비하지 않을 수 있는가의 여부도 밸류에이션의 중요한 기준이 된다. 허세를 부려 2만 엔의 코스 요리를 주문했다 해도 절반밖에 먹지 못하고 남긴다면 이는 상당한 손실에 해당한다. 1만 엔 분량에 해당하는 음식밖에 먹지 못하는데 2만 엔을 냈으니 상대적으로 비싼 돈을 지불한 셈이기 때문이다.

이런 예는 극단적인 것이라 여겨질 수도 있겠다. 그러나 내가 말하고 싶은 것은 '뭔가를 사더라도 그에 앞서 그것의 타당한 가격은 얼마인지를 항상 머릿속 한켠에 두라'는 것이다. 또한 자신이 생각하는 타당한 선과 너무 동떨어진 가격을 제시하는 물건에는 손을 대지 않는다. 이것이 바로 '쓸데없이 돈을 사용하지 않

는 것'이다. 때로는 상당히 큰 스트레스가 될 수도 있지만 이를
계속하지 않는 한 자본가으로서의 첫걸음은 내딛을 수 없다.

급여 인상분은 모두
적금으로 돌려라

실제로 자금을 모아가는 방법으로는 예금과 적금, 투자신탁 등을 활용하는 것이 있다. 다만 예적금은 원금이 보존되지만 투자신탁은 원금 손실이 발생할 위험이 있기 때문에 제대로 된 펀드, 장기 보유가 가능한 펀드를 고르는 것이 무엇보다 중요하다.

투자신탁으로 돈을 모으겠다고 결심했다면 NISA Nippon Individual Saving Account를 활용하는 것도 한 가지 방법이다. NISA란 '소액투자 비과세 계좌'라는 뜻인데, 이 계좌를 활용하여 주식투자나 투자신탁을 하면 향후 5년간 발생하는 배당금이나 분배금, 그리고 시세 차익에는 과세되지 않는다. 시세 차익이나 배당금, 분배금에 대한 세율이 20%라는 점을 생각하면 이것이 비과세되는 데서 얻는 장점은 굳이 설명할 필요가 없을 것이다. 따라서 그동안 모아온 돈을 종잣돈으로 만들겠다고 생각한다면 NISA를 적극적으로 활용하는 것이 좋을 것이다.(2016년 3월에 도입된 한국형 ISA에서는 예금, 적금, ELS, 펀드 등에 투자할 수 있으며 연소득 5,000만 원 이하인 경우엔 운용수익의 250만 원까지, 5,000만 원 이상일 경우엔 200만 원까지 비과세 혜택을 받을 수 있다.—옮긴이)

제1장에서도 혼다 세이로쿠의 '4분의 1 저축법'에 대해 다뤘지만, 종잣돈 만들기에 성공하는 첫 번째 포인트는 매달 급여에서 가능한 금액을 떼어 정기 저축의 형태로 만드는 것이다. 자신의 계좌에서 저축 전용 계좌로 직접 이체시킬 수도 있지만 이는 성공하기 어렵다. 간혹 잊어버릴 가능성이 있고, 한 번 잊어버리면 그다음 달에도 '아무렴 어때' 하며 점점 돈을 모으는 것 자체가 귀찮아질 수 있기 때문이다. 따라서 급여일이 되면 급여 계좌에서 저축 계좌로 강제 송금되는 구조를 만들어야 한다.

이에 더해 만약 급여가 오르면 인상된 금액만큼 생활 수준을 높이는 것이 아니라 저축하는 금액을 올려야 한다. 지금까지의 급여는 30만 엔이었는데 이것이 32만 엔으로 올랐다고 해서 증가분인 2만 엔으로 사치를 누린다면 진정한 자본가가 될 수 없

다. 30만 엔의 4분의 1을 저축한다면 매월 저축액은 7만 5,000엔
이다. 만약 다소 괴롭긴 하겠으나 나머지 22만 5,000엔으로 어느
정도 생활이 가능했다면 급여가 32만 엔으로 올랐을 경우엔 그
4분의 1인 8만 엔을 저축하는 것이 아니라 그간의 월간 저축액
에 증가분 전액을 더해보자. 즉, 급여 증가분이 2만 엔이라면 당
초 저축액이었던 7만 5,000엔에 2만 엔을 붙여 9만 5,000엔씩 저
축하는 것이 보다 빨리 종잣돈을 만들 수 있는 길이다.

또 한 가지 요령이 있다. 회사원이라면 경험해봤을 법한데, 회
사의 경비 처리와 관련된 요령이다. 영업 담당자라면 지갑 안에
는 아마 접대비나 교통비로 자신의 사비를 쓰고 받은 2만~3만
엔어치의 영수증이 있을 것이다. 잔뜩 쌓인 영수증을 한꺼번에
회사에 제출하고 정산받으면 부자가 된 기분을 맛볼 수 있겠으
나 이는 착각에 불과하다. 자기가 경비로 쓴 돈이 돌아온 것뿐이
기 때문이다. 사람은 상황을 자신에게 유리하게 해석하는 동물
이라서 정산으로 들어온 돈을 보면 어쨌든 자신이 그 돈을 썼다
는 사실은 완전히 잊어버리고 마치 공돈이 들어온 것처럼 여기곤
하는데, 이는 상당히 위험한 생각이다. 사비로 회사 경비를 사용
한 뒤 돈을 정산받으면 그 돈 전액을 저축하자.

"구두쇠처럼 굴어라" 혹은 "빈곤하게 생활해라"라는 얘기가 아

니다. 내가 말하고 싶은 것은 '20~30대의 젊은 여러분은 미래의 꿈을 실현하기 위해 지금 할 수 있는 일을 조금씩 해나가야 하고, 그런 노력이 쌓여야만 보람찬 인생을 시작할 수 있다'는 것이다.

좋은 회사의 주식을
가능한 한 많이 보유해라

종잣돈이 생겼으니 이제 본격적으로 주식 투자를 시작해볼 때가 되었다. 하지만 도쿄증권거래소 1부시장에 상장된 종목만 2,000개 이상이므로 그중에서 몇 종목만 골라내는 데는 상당한 노력이 필요하다고 생각하는 이들이 적지 않을 것이다.

내가 말할 수 있는 한 가지는 앞서 설명한 것처럼 시장 전체에 투자하는 인덱스 운용보다는 좋은 회사를 골라 여기에 장기간 투자하는 편이 최종적으로는 보다 좋은 수익을 낼 수 있다는 것이다. 이를 위해 나는 ROE가 높은 기업에 중점을 두고 투자하라고 권하고 싶다.

ROE란 Return on Equity의 약자로, 번역하면 '주주자본이익

률'이다. 주주자본이란 그야말로 자본가가 낸 돈을 말하니 ROE
는 그 자본에 대해 어느 정도의 수익을 얻을 수 있는가를 표시한
것이자 주식 지표가 된다. 당연히 이 비율은 높을수록 좋다.

모든 주주에게는 자신이 투자한 기업이 올린 이익 중 일부를
받을 권리가 있다. 구체적으로 말하자면 기업이 매출에서 여러
비용을 빼고 남은 돈은 항상 주주의 것이 되는데, 여기에 매년
이익을 축적해가는 속도를 표시한 것이 ROE다. 때문에 자본가
로서 성공하기 위한 포인트는 'ROE가 높은 기업의 주식을 얼마
나 장기간 보유할 수 있는가'에 있다.

8 이익을 자본으로 축적하면 주주에게 돌아온다

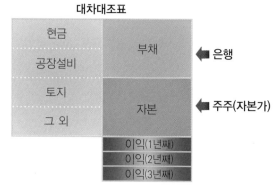

대차대조표

이익÷자본=주주자본이익률(ROE)
그러므로 ROE가 높은 것이 좋다.   *이익을 전부 내부 유보했다고 가정했을 경우

주식밖에 없다

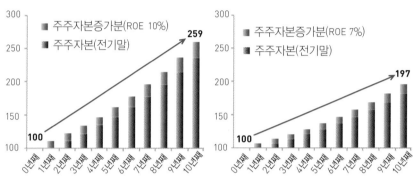

ROE 10%가 10년간 계속된 경우 주주자본 추이　　　ROE 7%가 10년간 계속된 경우 주주자본 추이

■ 주주자본증가분(ROE 10%)
■ 주주자본(전기말)

■ 주주자본증가분(ROE 7%)
■ 주주자본(전기말)

*이익을 전부 내부 유보했다고 가정했을 경우
*0년째를 100으로 지수화했음

　　미국 네브라스카주 오마하에서 버크셔해서웨이Berkshire Hatha-
way라는 투자회사를 경영하고 있는 워런 버핏Warren Buffett이 세계
1, 2위를 다투는 대부호가 된 비결 역시 'ROE가 높은 기업 주식
에 계속 투자하는 것'이었다.

　　버크셔해서웨이는 1965년에 워런 버핏이 투자한 섬유회사다.
그는 이를 근간으로 버크셔해서웨이를 세계 최대 수준의 투자회
사로 성장시켰다. 버크셔해서웨이에 투자했던 1965년부터 지금까
지 버핏의 순자산은 8,000배로 늘어났다. 만약 1965년에 100만

엔을 투자했다면 지금의 순자산은 80억 엔이 되었을 것이란 뜻
이다. 앞서 말한 것처럼 순자산은 자본금을 포함해 그 기업이 자
유롭게 사용할 수 있는 돈이다.

이 정도로 자산을 쌓은 수완은 칭찬할 만하다. 상당히 빠른
속도로 이렇게 자산을 쌓은 것은 그야말로 ROE가 높은 종목에
집중적으로 투자하고 그것을 장기간 보유했기 때문이다. 순자산
은 8,000배가 됐지만 시가총액의 성장 속도는 그보다 더욱 빨라

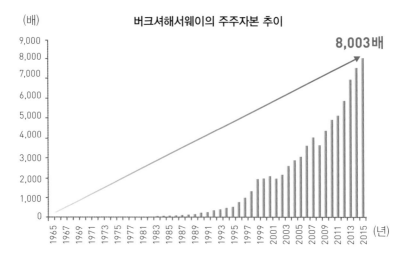

10 버핏은 투자 기업의 주주자본 증가를 중시한다

(배)　　　　　　**버크셔해서웨이의 주주자본 추이**

8,003배

*위의 그래프는 개별종목을 추천하는 것이 아닙니다.
또한 미래의 운용 성과를 시사하거나 보장하지 않습니다.

서 평가액이 159억 엔에 달한다.

버핏은 어떻게 이러한 속도로 자산을 쌓을 수 있었던 것일까? 세간에서는 "미국은 자본주의 국가니까" 혹은 "미국의 주식 시장 전체가 크게 성장했으니까"라고들 하지만 모두 정답이 아니다. 같은 기간 미국을 대표하는 주가인덱스인 S&P500(배당 포함)은 114배 성장한 데 반해 버크셔해서웨이의 주가는 이를 훨씬 넘어 1만 5,947배가 뛰었다.

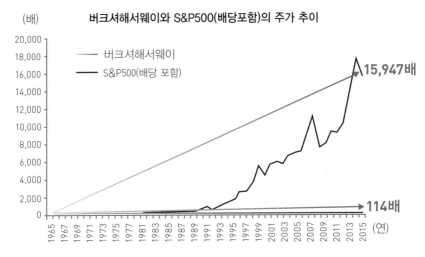

11 장기적으로 주주 자본이 증가하면 수익도 압도적으로 늘어난다

(배)   **버크셔해서웨이와 S&P500(배당포함)의 주가 추이**

버크셔해서웨이
S&P500(배당 포함)

15,947배

114배

(연)

*위의 그래프는 개별종목을 추천하는 것이 아닙니다.
또한 미래의 운용 성과를 시사하거나 보장하지 않습니다.

일본에도 비슷한 사례가 있다. 유니클로로 이름을 알린 패스트리테일링의 주가는 1995년부터 2015년까지 20년에 걸쳐 약 37.9배로 증가했다. 참고로 이 기간 동안 토픽스는 약 1.3배밖에 상승하지 않았다. 내가 하고 싶은 이야기는 '인덱스에 투자하는 것보다는 투자 효율이 높은 기업 주식에 투자하는 편이 훨씬 높은 수익을 기대할 수 있다'는 것이다.

혹시 이런 이야기를 들어본 적 있는가? 최근 아이치愛知 현의 토요타豐田 시에는 소규모 부자가 늘어나고 있는 듯하다. 본래 자산가였던 이들이 아니라 평범한 샐러리맨이지만 부자가 된 사람들이라 하니 살짝 흥미가 당길 것이다.

그런데 그런 이들 사이에는 공통점이 하나 있으니, 토요타자동차의 직원이라는 것이 그것이다. 현재 공장에서 근무 중인 토요타자동차 사원들 중 많은 이들은 입사 때부터 지금까지 30~40년간 우리사주조합을 통해 토요타자동차의 주식을 계속 샀는데, 그러다 보니 어느새 억만장자가 된 것이다. 이사도 부장도 아닌 일반 회사원의 이야기다.

이것은 토요타자동차의 과거 주가를 보면 이해할 수 있다. 지금으로부터 34년 전인 1983년 1월 당시 토요타자동차의 주가는 1,000엔 전후였다. 2015년 6월에 8,000엔대였다가 하락하기는 했지만 2017년 4월 현재 이 회사의 주가는 6,000엔대를 유지하고 있다. 좋은 주식을 사놓으면 착실히 가치가 상승한다는 사실을 보여주는 좋은 사례다.

후쿠간경제관측소複眼経済観測所에 따르면, 시간을 더욱 거슬러 올라가 1950년 6월에 토요타자동차에 10만 엔을 투자했다면 분할을 고려한 뒤 2015년 고점을 찍었을 때 그 돈은 원금의 12만 7,300배인 127억 3,000만 엔이 되었을 것이다. 버핏도 깜짝 놀랄 만한 이야기가 아닐 수 없다.

그렇다면 실제로 토요타자동차의 주식을 우리사주조합에 장기

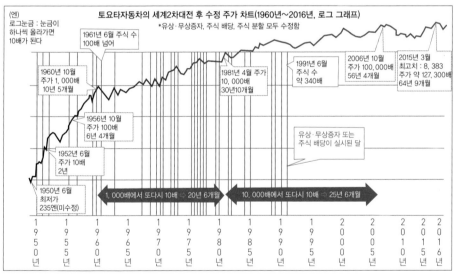

12 1950년에 산 **토요타자동차** 주식이 12만 7, 300배로

토요타자동차의 세계2차대전 후 수정 주가 차트(1960년~2016년, 로그 그래프)
*유상·무상증자, 주식 배당, 주식 분할 모두 수정함

(엔)
로그눈금 : 눈금이 하나씩 올라가면 10배가 된다

1961년 6월 주식 수 100배 넘어

1960년 10월 주가 1, 000배 10년 5개월

1956년 10월 주가 100배 6년 4개월

1952년 6월 주가 10배 2년

1950년 6월 최저가 235엔(미수정)

1981년 4월 주가 10, 000배 30년10개월

1991년 6월 주식 수 약 340배

2006년 10월 주가 100, 000배 56년 4개월

2015년 3월 최고치 : 8, 383 주가 약 127, 300배 64년 9개월

유상·무상증자 또는 주식 배당이 실시된 달

1, 000배에서 또다시 10배 ⇒ 20년 6개월

10, 000배에서 또다시 10배 ⇒ 25년 6개월

1950년 / 1955년 / 1960년 / 1965년 / 1970년 / 1975년 / 1980년 / 1985년 / 1990년 / 1995년 / 2000년 / 2005년 / 2010년 / 2015년 / 2016년

*위의 그래프는 개별종목을 추천하는 것이 아닙니다. 또한 미래의 운용 성과를 시사하거나 보장하지 않습니다.

* 토요타자동차, 회사 분기 보고서를 참고해 후쿠간경제관측소가 작성
* 주가 및 자본이동 자료는 회사 계간보 DVD 75년을 참고함

간 쌓아두었다면 어느 정도의 자산이 되었을지 계산해보자. 여기
서는 실제 수령 연봉액의 4분의 1에 해당하는 금액을 12로 나누
고, 매월 같은 금액으로 주식을 샀을 때 최종적으로 어느 정도
의 자산이 되는지를 계산해봤다. 27세부터 우리사주조합을 시작
해서 정년을 맞는 60세까지 34년간 계속했고, 그동안 연봉은 다
음과 같이 오른다는 것을 전제로 했다. 이는 어디까지나 가상의
수치라는 점을 잊지 말아주길 바란다.

27~29세	400만 엔
30~39세	500만 엔
40~44세	600만 엔
45~49세	750만 엔
50~60세	900만 엔

이와 같이 연봉이 상승하고 급여의 4분의 1에 해당하는 자금도
자사주 매입으로 돌려 매월 우리사주조합에 쌓아가면 34년이라
는 축적 기간 동안의 투자금은 모두 5,712만 엔에 이른다. 그리고
이 자금을 투자하여 구입하는 주식 수는 1만 9,379주가 된다.
참고로 2016년 12월 말 기준으로 토요타자동차의 주가는 주당
6,878엔이다. 따라서 1만 9,379주를 보유하고 있다면 자산총액
은 무려 1억 3,328만 8,762엔(1만 9,379주×6,878엔)이다. 정년 시

주식밖에 없다

점인 60세에 이 정도의 자산을 가지고 있다면 노후는 걱정할 필요가 없다. 부자가 되는 방법은 역시 '어떻게 하면 주식을 대량으로 보유할 수 있는가'에 달려 있는 것이다.

이를 위해서는 무엇보다 좋은 기업을 선택해야 하는데, 이는 확실히 어려운 일이다. 앞에서 예로 들었던 토요타자동차 회사원들의 경우엔 대부분 우연히 1980년대 전반에 입사한 회사가 이곳이었을 것이고, 아마 당시에는 자신들이 근무하는 회사가 세계 최대의 자동차 제조사가 될 것이라는 확신까지는 없이 그저 회사에 충성심을 보이는 증거로 우리사주조합에 들어갔을 뿐이지 않았을까 싶다. 그야말로 '토요타자동차에 입사해서 다행이야' 정도의 이야기였을 것이란 뜻이다. 만약 1997년에 도산한 야마이치╨증권이었다면 어땠을까? 실제로 야마이치증권에 입사해 우리사주조합에서 자사주를 계속 사 모았던 사람들은 회사가 파산함으로써 자신도 전 재산을 잃는 위기에 처했을 것이다.

그러므로 '어떤 기업에 투자할 것인가'는 주식 투자 시의 판단 기준으로 매우 중요하게 작용한다. 주식 투자는 '좋은 회사의 주식을 가능한 한 많이, 가능한 한 오래 보유하는 사업'이기 때문이다.

제 4 장_

인덱스 투자와 단기 매매로는 자산가가 될 수 없다

소거법으로 지지되는
인덱스 투자

주식 투자의 묘미는 종목 선택에 있다. 종목을 고르는 방법에 대해서는 뒤에서 설명할 것이라 이 장에서는 가볍게 다루고 넘어가겠다.

좋은 기업을 고르려면 해당 기업의 경영자가 어떤 자질을 지녔는지 살피고, 과거의 실적 추이와 재무 내용을 확인해 그 기업의 본질적인 가치를 찾아야 한다. 이 과정을 거치다 보면 투자할 만한 기업의 수는 당연히 적어지지만 투자 가치가 있는 기업을 발견할 수 있다. 이것이 투자의 참된 맛이라고 해도 좋을 것이다.

그런데 최근 '종목 선택은 의미가 없다'는 사고방식이 자산운용

업계에 퍼지기 시작했으니, 인덱스 투자가 바로 그것이다. 인덱스 투자란 주식 시장 전체를 사버리는 투자법으로, 일본의 경우 '닛케이225종 평균 주가(닛케이 평균)'와 '토픽스' 두 가지가 대표적인 주가 인덱스에 해당한다. 이에 대해 조금 기초적인 이야기를 하려 하는데, 다소 지루하더라도 이후 이 책의 내용을 전개하는 데 필요하니 여기에서는 잠시 참고 읽어주길 바란다.

닛케이평균이란 도쿄증권거래소의 1부시장에 상장되어 있는 전 종목 중 225개 종목만을 뽑아 그 주가의 평균값을 낸 것이다. 그러나 단순 평균이 아니라 일정 정도의 승수乘數를 곱해 주가의 연속성을 유지하게끔 하고 있다.

앞부분에서 언급했듯이 도쿄증권거래소 1부시장에 상장되어 있는 종목 수는 약 2,000개다. 따라서 225개의 종목은 전체와 비교했을 때 극히 일부에 지나지 않는다. 이에 대해 '이 정도만으로 과연 시장 전체의 방향성을 나타낼 수 있는가'라는 의견도 있지만 걱정할 필요는 없다. 225개에 불과한 이 종목들이 도쿄증권거래소 1부시장 전체 거래액의 70~80%를 점하고 있으니 말이다. 즉, 닛케이평균에 포함된 종목은 일본을 대표하는 기업들이고 이들 주가만 추적한다면 거의 틀림없이 일본의 주식 시장 전체의 가치 변동을 쫓아갈 수 있다.

이와 달리 토픽스는 도쿄증권거래소 1부시장에 등록되어 있는 종목들 전체의 시가총액을 합산해 신규 상장, 상장 폐지, 증자 및 감자, 기업 분할 등의 내용을 수정한 뒤 1968년 1월 3일의 수치를 100으로 만들어 지수화한 것이다.

1980년대 후반의 버블 경제 시기에는 닛케이평균이 급상승해 '닛케이평균이라는 종목을 사고 싶다'는 문의가 증권사 지점들에 쇄도했다는 이야기도 있다. 이와 맥락이 같은 것이 바로 인덱스 펀드다. 인덱스 펀드는 개인 한 명이라도 소액 자금으로 주가 인덱스에 투자할 수 있게끔 투자신탁의 구조를 이용해 구성한 상품으로 최근 개인투자자들 사이에서 인기를 얻고 있다.

인덱스 펀드를 고르는 이유로는 아마 다음과 같은 것들이 있을 것이다.

(액티브 펀드에 비해) 비용이 싸다.
개인투자자 입장에서는 뛰어난 운용자를 선택하기가 어렵다.
장기적으로 봤을 때 액티브는 인덱스를 이길 수 없다.

이상의 이유를 보면 적극적인 이유로 인덱스 펀드를 선택하는 것이라고는 생각할 수 없다.

주식밖에 없다

비용이 싸다는 것은 투자신탁의 운용관리비용(신탁보수)를 지칭한다. 인덱스 펀드의 운용관리비용은 저렴한 상품의 경우 연 0.2% 전후다. 이에 비해 액티브 펀드는 운용에 드는 경비 등을 고려하면 아무리 적어도 연 1% 정도는 부과하게 된다. 연 0.8%의 차이라도 장기로 운용하면 커진다는 것이 인덱스 펀드 지지자들의 의견이다. 결과적으로 이는 '펀드를 장기 운용할 경우 비용 면에서의 차이가 효과를 발휘하기 때문에 액티브 운용은 인덱스 운용을 이길 수 없다'는 주장으로 이어진다. 또한 액티브 펀드는 포트폴리오의 교체 빈도가 인덱스 펀드에 비해 잦아 매매에 필요한 수수료 부담이 커지므로 역시 인덱스 펀드에 비해 불리하다고 생각하는 사람들도 적지 않다.

두 번째 이유인 '개인투자자 입장에서는 뛰어난 운용자를 선택하기가 어렵다'를 보자. 인덱스 펀드를 웃도는 성과를 기록하는 액티브 펀드가 소수라는 것이 사실이라면 이렇게 말할 수 있을 수도 있다.

미국의 금융정보 서비스 회사인 S&P다우존스S&P Dow Jones가 작성 및 공표하는 SPIVAS&P Dow Jones Indices Versus Active에 따르면 S&P500을 벤치마크로 하는 미국의 대형주 펀드 중 S&P500을 밑도는 펀드 수의 비율은 2016년 상반기를 기준으로 봤을 때 과거 5년간에는 91.91%, 과거 10년간에는 85.36%였다. 이렇다면 벤치마크를 뛰어넘는 수준으로 우수하게 운용되는 펀드의 수는 극히 제한적인 셈이므로 이 두 번째 이유는 미국에 한해서라면 맞는 말일 수도 있다.

그렇다면 일본은 어떨까? 역시 같은 출처에 따르면 벤치마크인 S&P/토픽스150을 밑돈 펀드 수의 비율이 과거 5년간은 56.57%, 과거 3년간은 35.4%에 불과하다. 참고로 2015년 말을 기준으로 봤을 때 이 수치는 과거 5년간의 경우 49.83%, 과거 3년간에는 44.98%로 달라진다.

미국과 일본의 차이를 발생시키는 원인이 무엇인지에 대해서는 언젠가 연구해볼 가치가 있겠지만, 어쨌거나 일본 주식의 경우에는 액티브 펀드들의 절반 이상이 인덱스 펀드의 수익을 웃돌고 있다. 즉, 액티브 펀드에 투자했을 때 오히려 우수한 운용자를 만날 확률이 높은 것이다. 또한 이 수치는 일본 주식에 대해 세간에서 말하는 것처럼 '액티브 펀드의 운용은 인덱스 펀드의 운용을 이길 수 없다'고 단언하는 것이 위험한 일임을 말해준다.

솔직히 나는 왜 이렇게까지 인덱스 펀드를 맹신하는 사람들이 일본에 많은지 그 이유를 모르겠다. 인덱스 펀드를 선호하는 사람들의 주장을 들어보면 종목 선별의 프로세스나 과거 수익 등 여러 요소를 조사·비교해 상대적으로 좋은 상품을 적극적으로 선택하기보다는 '비용이 높으면 안 된다' 혹은 '운용자의 판단 기준으로 종목을 선별하면 안 된다' 등 '안 되는' 이유를 거듭한 결과, '다른 것과 비교하면 몇 개는 괜찮다'는 소거법적인 이유에서 어쩔 수 없이 인덱스 펀드를 선택한 것이 아닐까 싶다.

우량 기업과 문제 기업이
혼재하는 인덱스 펀드의
포트폴리오

인덱스 펀드는 투자 대상 종목의 폭이 넓다. 닛케이평균을 추종하는 인덱스 펀드라면 도쿄증권거래소 1부시장 내 2,000여 종목 중 225종목, 토픽스를 추종하는 인덱스 펀드라면 그 시장에 상장된 전 종목을 편입해 운용하기 때문이다. 실제로는 이보다 적은 종목으로 기준 가격이 대상 주가 인덱스와 함께 움직이게끔 모델을 짜서 운용하고 있지만, 연동 목표인 주가 인덱스와는 거의 같은 가격 움직임을 보이도록 설계되었으므로 실질적으로는 대상 인덱스를 구성하는 전 종목에 투자하고 있는 것과 마찬가지다. 그런데 이것이 정말 좋은 것인지 다시 한 번 생각해보자.

주식밖에 없다

토픽스는 앞서 말했듯 도쿄증권거래소 1부시장에 상장되어 있는 약 2,000개 종목으로 구성된다. 그런데 이 모든 종목이 좋은 종목이라고 단언할 수 있을까? 여기에서 구체적인 종목명을 거론하지는 않겠지만, 버블 붕괴 이후 일본을 대표하는 대기업이 분식회계 등의 스캔들로 주식 시장을 크게 흔드는 일은 종종 일어나고 있다. 이러한 기업의 대부분은 도쿄증권거래소에 주식이 상장되어 닛케이평균을 구성하고 있기도 하다.

그러므로 닛케이평균을 따르는 인덱스 펀드를 산 투자자의 경우는 극히 일부의 자금이지만 빈말로라도 좋다고 할 수는 없는 기업에 투자하고 있는 셈이다. 곧 상장이 폐지되는 건 아닐까 싶은 종목이라 해도 인덱스 펀드는 모든 종목에 투자하는 것이니 말이다. 만일 구성 종목 모두를 하나도 빼놓지 않고 빠짐없이 이해한 뒤 '그럼에도 나는 이 투자 방법을 선택하겠다'는 결론을 내렸다면 인덱스 펀드로 운용하는 것이 좋지만, 실제로 그런 사람은 한 명도 없다고 나는 단언할 수 있다.

그렇다면 상세한 정보도 모르는 기업에 소중한 자금을 투자해놓고 마음 편히 있을 수 있는가에 대해 생각해볼 필요가 있다. 솔직히 나는 이러한 날림 투자를 할 마음도 없고, 내가 이해하지 못한 기업에는 1엔도 투자하고 싶다는 생각이 들지 않는다. 이는 투자자인 이상 당연한 것이며 자본가의 경우도 마찬가지다. 내가 생각하는 '돈을 정중하게 사용한다' '쓸데없는 돈은 절대 쓰지 않는다'가 바로 정확히 이에 해당한다.

물론 투자신탁인 이상 투자 자금의 리스크를 분산하기 위해 어느 정도 복수의 종목에 투자할 필요는 있다. 하지만 '과연 인덱스 펀드의 종목 분산이 리스크 경감에 기여하는 걸까' 하는 측면에서 의문이 든다. 앞서 말했듯 인덱스 펀드 안에는 문제 기업의 주식도 편입되어 있기 때문이다. 인덱스 펀드는 비용이 낮은 것이 사실이지만 특히 투자신탁으로 자산을 운용하고 있는 사람이라면 '싼 게 비지떡'이라는 면을 머릿속 한 켠에 새겨놓는 편이 좋을 것이다.

좋은 액티브 펀드 상품을
선택하는 방법

　그렇다면 다소 비용이 높다는 점을 감안한 상태에서 액티브 펀드를 고른다고 가정해보자. 여기에서 생각할 것은 '액티브 펀드라면 어떤 것이든 좋은가' 하는 점이다. 사실 그렇지 않기 때문에 이야기는 더욱 복잡해진다.

　액티브 운용의 가장 큰 특징은 엄선된 투자라는 데 있다. 그렇다면 종목 수가 어느 정도쯤 되어야 엄선된 투자라 할 수 있을까?

　액티브 운용 펀드 중에는 그 안에 편입되어 있는 기업 수가 100개 이상인 것이 있다. 그렇다면 액티브 펀드 상품 하나를 운용하는 데 있어 100개가 과연 적절한 종목 수인지를 생각해볼 필요가 있다. 이 정도 개수라면 운용 담당자의 시선이 닿지 않는 투자처에 경영상의 문제가 발생하여 손실을 입고 마는 상황이 발생할 수 있기 때문이다.

또한 편입된 기업의 수가 많으면 애초에 투자 전 단계에서부터 잘 알지 못함에도 '적당히 선택한 종목'이 포함되어 있을 우려가 있고, 이는 해당 투자처 기업에 심각한 문제가 생겨도 그런 변화를 눈치 채지 못한 채 간과해버리는 경우로 이어질 가능성도 존재한다.

액티브 운용은 닛케이평균이나 토픽스 등의 인덱스를 벤치마크로 하고, 그것을 웃도는 수준의 수익 실현을 목표로 한다. 때문에 가령 토요타자동차의 미래가 긍정적이라고 판단될 경우 원래라면 5%만 편입시킬 것을 10%로 늘리거나, 이와 반대로 미래가 비관적이라고 생각될 경우엔 5%가 아닌 3%로 제한하는 식으로 편입 비율을 조절한다. 이것이 일반적인 액티브 운용 방식이다. 하지만 이에 대해서도 '비관적이라면 왜 편입시키는 걸까?'라는 의문이 든다. 비관적으로 보이면 편입 비율을 3%로 낮출 것이 아니라 0%로 만들면 되는데 말이다.

결과적으로 편입 기업 수를 100종목 가까이로 늘리면 앞서 말했듯 편입 비율의 높고 낮음에 따라 수익률 면에서 매우 약간의 차이는 발생하겠지만, 종합적으로 보면 인덱스 운용 방식과 크게 다르지 않은 결과에 이른다. 아무리 액티브 운용이라 해도 일반적인 방식으로 운용될 경우엔 인덱스 운용과의 차별화에 있어 그 정도의 차이밖에 보일 수 없는 것이다.

어쩌면 일반적인 액티브 펀드의 운용 담당자가 액티브 운용에 대한 내 생각을 알게 된다면 지나치게 리스크가 큰 방법이라고 여길 수도 있겠다.

내가 대표를 맡고 있는 스팍스그룹 산하의 스팍스에셋매니지먼트라는 자산운용사에는 '스팍스 신新국제우량일본주펀드'라는 상품이 있다. 이 펀드는 애칭으로 '엄선투자'라 불리는데, 나는 이 펀드가 이름값을 하고 있다고 자부한다.

2016년 12월 말 기준으로 이 펀드의 편입 종목 수는 열여덟 개다. 이 종목들은 말 그대로 스팍스에셋매니지먼트가 총력을 다해 엄선하고 확신해서 편입시킨 것들이다. '왠지 주가가 오를 것 같아서'라는 얕은 이유로 다수의 종목에 투자를 분산하는 포트폴리오와 비교하면 종목 수가 적어 보인다. 하지만 좋은 살코기만 골라낸 듯한 포트폴리오를 지향하며 엄선에 엄선을 거듭해 선별한 종목들이므로 비록 그 수는 적지만 리스크 관리 면에서는 매우 월등하다.

자화자찬이라 쑥스럽긴 하지만 사실 이 펀드는 미국의 펀드평가회사인 모닝스타Morning Star가 수여하는 '2016 올해의 펀드' 국내주식형 부문에서 최우수펀드상을 받았고, 이것으로 2014년과 2015년에 이어 3연속 수상이라는 기록을 세웠다. 동일한 펀드가 3년 연속 최우수펀드상을 받은 것은 처음 있는 일이라고 한다. 이렇게 좋은 평가를 받음으로써 소수 종목을 엄선하여 투자하는 것이 액티브 운용에서 틀린 방법이 아님을 어느 정도 증명했다고 생각한다.

　스팍스그룹은 이와 더불어 국내주식 중소형 부문에서도 '스팍스 프리미엄 일본초중소형주식펀드'(이 펀드의 애칭은 '가치 발굴'이다)가 최우수상을 수상하면서 '2016 올해의 펀드' 중 국내주식 부문의 최우수상들을 모두 독점했다는 것도 독자들에게 말씀드리고 싶다.

모닝스타의 '2016 올해의 펀드'는 과거의 정보에 기반하여 전한 것으로 장래의 수익을 보장하지 않습니다. 또한 모닝스타가 신뢰할 수 있다고 판단한 데이터로 평가했지만 그 정확성, 완전성 등에 대해서는 보증하지 않습니다. 저작권 등의 지적소유권 및 모든 권리는 모닝스타주식회사 및 Morningstar, INC에 귀속되어 허가 없이 복제, 전제, 인용하는 것이 금지되어 있습니다.

이 상은 국내추가형주식투자신탁을 대상으로 선정한 것으로, 모닝스타의 독자적인 정량분석 및 정성분석에 근거해 2016년에 각 부문에서 종합적으로 우수하다고 판단한 상품입니다. 국내주식 대형 부문의 수상 대상은 2016년 12월 말 기준 당해 부문에 속한 펀드 617개 중에서, 국내주식중소형부문의 수상 대상은 같은 시기 기준 당해 부문에 속한 펀드 250개 중에서 선정되었습니다.

장기적으로 액티브
운용은 정말 인덱스 운용을
이길 수 없을까

　인덱스 펀드를 선호하는 투자자들에게 인덱스 운용을 선택한
이유를 물어봤을 때 '반드시'라고 해도 좋을 정도로 언급되는 것
이 있다. 바로 '장기적으로 보면 액티브 운용은 인덱스 운용을 이
길 수 없기 때문에' 그것이다.

　그러나 이는 모든 펀드에게 해당되는 얘기라 할 수 없다. 액티
브 펀드에도 여러 가지가 있기 때문이다. 인덱스 펀드보다 수익
이 뒤처지는 액티브 펀드는 확실히 있지만, 그와 반대로 인덱스
펀드를 훨씬 뛰어넘는 수익률을 기록 중인 액티브 펀드도 있다.
이 수익률을 눈앞에서 보고도 '장기적으로 액티브 운용은 인덱

스 운용에 이길 수 없다'고 단언할 수 있을까?

다음 그래프는 앞서 얘기했던 스팍스에셋매니지먼트 '엄선투자'
의 기준가를 참고지수와 비교한 것이다. 참고지수는 토픽스다.
두 개의 가격 움직임을 비교해보면 그 차이가 역력하다. 운용

12 인덱스를 크게 웃도는 스팍스의 '엄선 투자'

*설정전영업일(2008/3/27)을 10, 000으로 지수화
*해당 펀드에 벤치마크는 없음. 참고지수는 토픽스(배당 포함)임.
*분배금 재투자 기준가액은 당해 펀드의 신탁보수공제 후의 가액을 사용해, 분배금을 비과세로 재투
  자했다고 계산했음.
*과거의 실적은 미래의 운용 성과를 시사하거나 보장하지 않음.

개시일은 2008년 3월 28일로, 그래프는 그 이전일의 가격을 1만 엔으로 하고 그것이 2016년 12월 말까지 보인 추이를 나타내고 있다. 참고지수인 토픽스는 같은 시점에서 1만 5,000엔이었지만 엄선투자의 배당금 재투자 기준가액은 3만 엔 가까이까지 상승한다. 2016년 12월 말이면 운용 개시일로부터 8년 9개월이 지난 시점이다. 장기 투자라고 하기에는 짧은 편이지만 이 기간 동안 아베노믹스Abenomics(일본의 총리 아베 신조安倍晉三가 일본의 경기회복을 위해 시행한 경기부양책-옮긴이)에 따른 대세상승의 파고가 있었다는 점을 잊어서는 안 된다.

2012년 6월 4일에 692.18포인트였던 토픽스는 2015년 8월 11일에 1,702.83포인트까지 상승했다. 상승률은 146%다. 이처럼 시장 전체가 크게 상승할 때는 개별 종목을 선별해도 인덱스의 상승률을 쫓아가기 힘들다고들 하지만, 종목만 잘 선택하면 인덱스 상승률과 관계없이 이를 크게 웃돌며 주가가 상승하는 종목을 발굴할 수 있다. 이 8년 9개월 동안 엄선투자의 운용 성과가 토픽스의 상승률을 크게 웃돌 수 있었던 것도 이 때문이다.

만약 인덱스 운용 방식이 장기적으로 봤을 때 액티브 운용 방식을 능가한다는 것이 사실이라면 토픽스 역시 장기적으로 계속 상승해야 한다. 그러나 현실은 어떠한가? 토픽스가 최고치를 경신한 것은 지금으로부터 28년 전의 일이다. 1989년 12월 18일에 토픽스는 역사상 최고치인 2,884포인트를 기록했지만 현재는 1,500포인트 전후다. 최고치 경신은커녕 오히려 최고치에서 47%나 하락한 상태에 있으니, 최근 30년 가까이 토픽스로 인덱스 운용을 해온 사람은 전혀 이익을 얻지 못했을 뿐 아니라 절반 가까운 자금의 손실을 입었을 것이다.

30년간의 투자는 충분히 장기 투자에 해당한다. 그럼에도 최소한 일본 주식 시장에서의 인덱스 운용에 따른 장기 투자는 현 시점에서 전혀 수익을 내지 못하고 있다. 현실이 이런데도 '인덱스 운용은 장기적으로 액티브 운용보다 유리하다'고 할 수 있겠는가.

아마도 이렇게 말하면 인덱스 투자를 옹호하는 사람들은 "그래도 액티브 운용은 비용이 높기 때문에 언젠가 비용 싸움에서 패해 인덱스 운용보다 뒤처질 것"이라 말할지도 모른다. 그렇다면 실제로 과연 어느 정도의 차이가 나는지 비교해보자.

연평균 수익률을 5%라 가정하고 인덱스 펀드의 운용관리비는 연 0.2%, 액티브 펀드는 연 1.5%로 잡은 뒤 100만 엔을 20년간 운용했을 경우의 원리합계액은 대략 얼마나 될까? 추산해보면 인덱스 펀드는 255만 4,027엔, 액티브 펀드는 198만 9,788엔이다. 이것만 보면 확실히 56만 4,239엔의 차이가 있기는 하다.

그러나 이 비교는 어디까지나 두 펀드가 같은 수익률을 기록했다는 전제하의 얘기다. 액티브 펀드의 경우 벤치마크를 웃도는 수익을 목표로 운용하기 때문에 종목만 제대로 선택하면 벤치마크로 설정해놓은 주가 인덱스의 수익률을 상회할 것이다.

스팍스에셋매니지먼트의 '엄선투자'와 토픽스를 비교해보자. 엄선투자의 경우 설정 이후의 가격상승률이 189.3%인 데 비해 배당금을 포함한 토픽스의 가격상승률 47.64%였다. 참고로 엄선투자의 성과는 연 1.77%의 운용관리비용을 차감한 뒤 계산한 것이지만 토픽스는 어디까지나 참고지수이므로 운용관리비용을 0%로 계산했다.

따라서 토픽스를 추종하는 인덱스 펀드라 해도 그에 따르는 운용관리비용은 발생하기 마련이고, 그로 인해 결국 토픽스의 경우보다 낮은 수익률을 보이게 된다. 또한 인덱스 펀드의 성과를 엄선투자의 성과와 비교하면 그 차이는 더욱 커진다. 이렇게 비교해보면 '인덱스 운용은 비용이 싸기 때문에 장기적으로 봤을 때 액티브 운용보다 높은 수익을 기대할 수 있다'는 것이 조금 이상한 논리임을 알 수 있다.

다만 한 가지 주의할 점이 있다. 액티브 펀드라 해도 종목을 선별해 포트폴리오를 짜지 않으면 최종적으로는 수수료 싸움에서 인덱스 펀드에게 질 수밖에 없다는 것이다. 수익 면에서는 거의 인덱스 펀드에 가까운데 그것에서 운용관리비와 매매수수료, 감사비 등 각종 비용을 **빼야** 하기 때문이다. '액티브 펀드는 인덱스 펀드를 이길 수 없다'는 이야기는 아마도 이런 액티브 펀드들에 대한 평가에서 나왔을 것이다.

참고로, 현재 스팍스는 '진정한 액티브 투자'에 대해 일본 주식을 대상으로 쌓아온 노하우를 다른 투자 대상에도 활용할 수 있을지 검토 중에 있다. 조만간 아시아 주식을 대상으로 한 아시아 주식판 엄선투자, 또는 제4차 산업혁명에 주목한 공모형 펀드를 시작할 계획이다.

프로가 고르면
결과도 다르다

　'원숭이의 다트'라는 말을 들어본 적이 있는가? 이는 신문에 실린 주식 종목란에 원숭이가 다트를 던져 맞힌 것들로 구성한 포트폴리오와 프로 투자자가 종목을 골라 구성한 포트폴리오는 수익률 면에서 큰 차이가 없다는 것을 의미하는 표현이다. 좋은 펀드매니저를 고르는 일은 그 정도로 어렵다는 의미겠다. 그래서 인덱스 펀드 신봉자들은 '처음부터 무리하지 말고 평균적인 수익률을 쫓는 인덱스 펀드를 선택하는 것이 합리적'이라고 말한다.

　그러나 워런 버핏은 인덱스 운용 방식을 택하지 않았음에도 인덱스를 크게 웃도는 수익을 착실하게 실현하고 있다. 버핏이 사장으로 있는 투자회사인 버크셔해서웨이의 주주자본은 1965년부터 2015년까지 8,000배로 늘어났고 주가는 1만 5,947배 성장했다. 참고로 같은 기간 중 S&P500은 114배가 됐다. S&P500은 미국을 대표하는 주가 인덱스인데 버크셔해서웨이는 그보다 더 큰 성과를 올린 것이다.

이렇게 크게 성장한 배경에는 투자할 기업을 선택하는 워런 버핏의 탁월한 시각이 있었다는 점에 이의를 제기할 여지가 없다. 이것이야말로 액티브 운용의 묘미라고 할 수 있다. 이렇듯 위대한 투자가의 실례實例가 있음에도 인덱스 신봉자들은 솔직하게 인정하려 들지 않는다. 대신 그들은 이렇게 말한다.

"워런 버핏은 전 세계의 많은 투자자들 중 극히 소수인 한 사람이고, 어느 누구도 버핏과 같은 일을 해낼 수는 없다. 그러므로 버핏을 예로 들며 액티브 운용이 인덱스 운용보다 낫다고 하는 주장에는 현실성이 없다."

어떻게 해서든 액티브 펀드가 성과 면에서 인덱스 펀드를 능가한다는 점을 인정하기 싫은 모양새다.

그러나 실제로 워런 버핏이라는 인물이 존재하고, 그 뒤를 잇는 펀드 매니저가 세계에 많은 것이 사실이다. 물론 일본의 투자신탁을 운용하고 있는 펀드 매니저들 중에도 뛰어난 능력을 가진 이들은 많고, 그중에는 실제로 버핏과 같은 사고방식으로 투자에 나서고 있는 사람도 있다.

세상에는 좋은 경영자도 있고 나쁜 경영자도 있다. 자본가(즉, 투자자)는 이를 확실히 구분할 줄 알아야 한다.

좋은 경영자는 거래처에 줘야 할 거래 대금, 직원에게 줘야 할 급여, 융자를 받은 은행에 내야 할 이자 및 국가에 납부해야 할 세금을 항상 제대로 지불함과 동시에 주주들에게 배분해야 할 몫을 키워나가는 부분도 중요하게 생각한다. 이는 결과적으로 높은 ROE과 연결된다.

경영자 중에는 거래처와 교섭해 원재료비를 깎거나 판매관리비를 절약하는 방법, 은행과 협상하여 이자를 낮추거나 세금을 절세하는 방법 등에 능숙한 이가 있는 반면 이런 것들에 상당히 서툰 경영자도 있다. 프로야구 선수 중에도 1군에서 항상 스타팅 멤버에 속하며 톱 중에서도 톱에 해당하는 선수가 있는가 하면 만년 2군인 선수가 있는 것과 마찬가지다.

자본가로서 투자하고 싶은 기업은 톱top 중의 톱인 경영자가 이끌고 있는 곳일 것이다. 이러한 기업들은 총체적으로 강하고, 그 강함이 주가에 반영된다. 하지만 원숭이가 다트를 던지는 식으로는 이런 유의 기업을 찾을 수 없다. 인덱스를 충분히 능가하는 수익을 올리는 기업을 찾으려면 좋은 기업이라고 판단하는 데 필요한 기준을 확실히 세우고 그것에 기초하여 기업을 살펴보는 것부터 시작해야 한다. 스팍스그룹이 어떻게 이런 기업들을 발굴했는지에 대해서는 다음 장에서 상세히 설명하겠다.

단기 매매가 단순한 투기일 수밖에 없는 이유

주식 투자를 통해 누구나 자본가가 될 수 있다는 것이 이 책의 주제 중 하나다. 그러나 같은 주식 투자라 해도 단기 매매는 투기자가 하는 거래일 뿐 자본가의 주식 거래와는 다르다는 점을 명심했으면 좋겠다.

자본가가 하는 주식 거래의 목적은 기업에게 장기 자본을 제공하고 장기적으로 그 기업의 성장에 참여하는 것이다. 그 대가로 자본가는 장기적으로 기업이 올린 이익 중 일부를 배당이라는 형태로 돌려받고, 추가적으로 주주자본의 증가에 따라 가치 창출이라는 과실을 얻는다.

물론 투자한 기업의 주가가 상승하면 차익을 실현하기 위해 그 기업의 주식을 매각할 수도 있지만, 자본가로 불리는 장기 투자자들은 자신이 투자한 종목을 그렇게 간단히 포기하지 않는다. 앞서 말했듯이 자본가는 자신이 투자한 기업의 경영자가 보고 있는 산을 그와 함께 오르며 일종의 카타르시스를 느끼기 때문이다. 다시 말해 자본가는 단기적인 주가 동향이 아닌, 사업의 장기적 확대를 바라본다.

이에 반해 단기 매매를 반복하는 트레이더는 사업이 아닌 주가 그 자체만 바라본다. 최근에는 개인투자자 중에서도 반복적인 단기 매매를 통해 10억~20억 엔의 자산을 쌓은 사람들이 나타나고 있다. 대단한 일이긴 하지만 이렇게 투기가로 대성할 수 있는 사람은 정말 일부에 불과하다. 또한 단기 매매를 반복하는 방법으로는 장기적인 자산 형성이 불가능하다.

많은 트레이더들은 '주식은 장기적으로 보유하면 리스크가 올라가기 때문에 단기에 매매한다'고 한다. 물론 투자 기간이 길어지면 길어질수록 불확실성 요소가 증가하는 것은 사실이다. 그러나 정말로 좋은 경영이 이루어지고 있는 기업이라면 장기적으로도 계속 성장해나간다. 왜냐하면 경기 동향에 큰 영향을 받지 않고 매년 안정적으로 착실히 수익을 거두기 때문에 장기적으로는 주주자본(순자산)이 확대되기 때문이다. 이러한 기업의 주식을 오래 보유하면 눈앞의 경기 동향이나 시장의 수요 동향에 따라 주가가 하락한다 해도 언젠가는 자동적으로 회복하여 최고치를 경신하게 된다. 결코 제로섬 게임이 되지 않는 것이다.

하지만 같은 주식 투자라 해도 단기 매매의 경우는 하면 할수록 제로섬 게임이 되어간다. 제로섬 게임이란 누군가 이기면 누군가는 지는 거래다.

단기 매매의 예를 들어보자면 1,000엔에 산 주식을 1,010엔에 매각함으로써 10엔의 차익을 얻는 거래를 반복하는 것이다. 이 거래가 성립하는 배경에는 자신이 보유한 종목을 1,000엔에 매도함으로써 10엔의 시세 손실을 입은 투자자가 반드시 존재한다. 또는 1,010엔에 샀지만 그 뒤 주가가 하락해 손해를 입은 투자자일지도 모른다. 그야말로 제로섬 게임이다.

혹시 '큰 수의 법칙'이라는 말을 아는가? 동전을 던졌을 때 뒷면이 나올 확률과 앞면이 나올 확률은 모두 2분의 1이다. 실제로 동전을 던져보면 알 수 있듯이, 동전을 던지는 횟수가 적으면 그에 따르는 결과는 뒷면이나 앞면 중 어느 한쪽에 편중되는 현상이 나타난다. 그러나 여기에서 멈추지 않고 동전을 던지는 횟수를 늘리면 뒷면과 앞면이 나올 확률은 점차 2분의 1에 수렴한다.

이처럼 어떤 일의 관찰 횟수가 늘어나면 그 일이 발생할 확률이 특정 값에 가까워진다는 것이 '큰 수의 법칙'이다. 단기 매매도 동전을 던지는 경우와 마찬가지라서, 트레이딩 횟수를 늘리면 승패의 확률이 한없이 2분의 1에 가까워진다. 그러나 주식 투자의 경우 이겼을 때 얻는 금액에 비해 졌을 때 손해 보는 금액이 크기 쉬운 데다 매매 시엔 수수료도 붙는다. 이를 종합적으로 생각해 보면 큰 수의 법칙에 따라 승패의 확률이 2분의 1에 가까워지더라도 결국은 금액 면에서 손해를 볼 가능성이 있다.

큰 수의 법칙을 활용해 이익을 내기 위해서는 이겼을 때의 이익을 가능한 한 크게 늘리는 한편 손실은 가능한 한 억제할 필요가 있다. 그러나 트레이딩 경험을 상당히 쌓은 사람에게도 이는 어려운 것이 현실이다. 주식의 단기 매매로 이익을 얻겠다며 실제로 트레이딩을 시작하는 사람은 꽤 있지만 '억대 트레이더'라 불릴 정도로 성공한 사람은 아주 소수인 이유가 바로 이것이다.

게다가 주식의 단기 매매로 돈을 벌고 싶다면 오전 9시부터 오후 3시까지, 즉 주식 시장이 열릴 때부터 끝날 때까지 계속 컴퓨터 앞에 앉아 주가를 바라보고 있어야 한다(일본의 주식 시장은 오후 3시에 폐장함-옮긴이). 단기 매매는 특히나 가격의 미세한 움직임을 포착하여 매매를 반복함으로써 이익을 쌓는 방법이므로 주식 거래 시간 동안에는 한시도 시장에서 눈을 뗄 수가 없다.

즉, 주식 단기 매매로 생계를 꾸려가려 한다면 직장을 관두고 전업 트레이더가 되는 것 외엔 방법이 없을 텐데, 사실 이는 대부분의 사람들에게 있어 현실적으로 무리다.

이에 반해 장기로 보유할 수 있는 좋은 기업의 주식에 투자하여 배당 수익과 시세 차익을 꾸준히 얻는 것은 낮 시간 동안 회사에서 근무하는 개인이라도 충분히 할 수 있는 일이다. 일을 하면서 주주가 되고 점차 투자 금액을 늘려나가며 대자본가가 되는 것을 목표로 삼는 것은 앞으로의 시대에서 출세할 수 있는 지름길이라 해도 좋을 것이다.

주식밖에 없다

제 5 장_

좋은 기업에 투자하기 위한 일곱 가지 기준

투자에 필요한
기본자세부터 갖춰라

최근 일본에는 자신의 미래를 비관적으로 여기는 사람들이 늘었다고 한다.

1990년대에 들어 버블 경제가 붕괴된 뒤 일본 경제는 '잃어버린 20년'으로 불리고 있다. 경제는 장기 디플레이션에 돌입했고 대형 금융 기관도 몇 개나 파산했다. 또한 닛케이평균 등의 인덱스를 보면 IT 버블, 고이즈미(2001~2006년의 일본 총리였던 고이즈미 준이치로小泉純一郎를 지칭—옮긴이) 개혁, 아베노믹스 등 주가 상승의 기회가 몇 번 있었지만 아직도 최고치를 경신하지 못하고 있음을 알 수 있다.

그동안 기업은 자기 방어 본능이 커져 내부 유보금을 늘려왔는데 현재 그 액수는 360조 엔을 훌쩍 웃돈다. 한편 미국과 영국, 독일, 프랑스 등 선진국과 비교해보면 일본의 노동분배율은 가장 낮다. 다시 말해 일하고 있는 사람들에게 지급되는 금액이 적다는 것이다.

일본 국세청이 공표한 '민간급여실태 통계조사'에 따르면 2015년의 평균 급여액은 361만 2,000엔이었다. 평균 급여액이 가장 높았던 때는 418만 5,000엔을 기록했던 1998년이었지만 그 이후에는 줄곧 내리막길을 걸었다. 2012년까지 지속적으로 하락하던 평균 급여액은 그 이후 아베노믹스 효과가 더해져 점차 개선되었지만 2015년에는 잠시 답보 상태가 되었다.

이처럼 급여가 오르지 않는 한편 현재 일본에서 굉장히 중요한 문제가 되고 있는 것이 사회보장이다. 인구 감소 및 초고령화가 진행되면서 '국가는 의료와 연금을 어디까지 보장해줄 것인가'에 대해 많은 사람들이 상당한 불안감을 갖고 있다. 국민연금, 후생연금(우리나라의 국민연금에 해당-옮긴이) 등 공적 연금이 지급되기 시작하는 연령이 상향 조정될 것임은 거의 확실하다.

'뭔가 심상치 않다'는 것은 아마 지금의 젊은 세대들도 느끼고 있을 것이다. 내가 20~30대였을 때와 비교해보면 젊은이들의 소비 의욕은 분명히 후퇴하고 있다. 자동차를 구입하지도 않고, 해외 여행도 가지 않으며, 술자리에도 참석하지 않고 최대한 낭비를 억제하며 저축에 힘을 쏟는다.

물론 견실한 생활을 하는 것은 올바른 일이다. 이런 젊은이들에 비해 버블 세대는 너무나 바보 같은 소비를 한 데다 지금도 반성하는 모습이 없다. 50대임에도 저축액이 전혀 없는 가구가 30%나 있다는 것이 이를 뒷받침한다. 그들은 전형적인 '베짱이 세대'다. 나는 지금의 젊은이들이 이를 본받아야 한다고는 손톱만큼도 생각하지 않는다.

그러나 돈에 대한 불안이 높아진 나머지 돈을 은행 예금에 넣어둔 채 히키코모리(사회 생활을 하지 않고 집 안에만 틀어박혀 사는 이들을 지칭하는 표현—옮긴이) 같은 생활을 하는 것은 권하지 않는다. 지금은 은행에 예금을 해도 이자가 거의 붙지 않고, 그렇기에 이는 소중한 자산을 잠들게 하는 것과 매한가지인 일이다. 이런 시대에 개인은 스스로 자신의 자산을 지켜야 하고, 큰 부를 쌓고 싶다면 주식에 투자해야 한다. 그것 외에는 길이 없기 때문이다. 하지만 아무런 준비도 없이 주식에 투자하면 크게 실패하고 만다.

가장 중요한 것은 좋은 기업의 주식을 싼 가격에 사는 것이다.

이를 위해서는 자신이 투자하려 하는 기업의 본질적인 가치, 장래성을 따져봐야 한다.

가령 좋은 기업의 주식을 싼 가격에 샀다고 가정해보자. 향후에 주가가 장기적으로 상승한다고 해도 단기적으로는 반드시 큰 조정을 겪게 된다. 이때 당황한 나머지 주식을 매도해버리는 것은 보다 큰 이익을 얻을 기회를 잃는 것과 같다. 또한 주가를 쫓아 국지적인 미니 버블 장세에 올라타면 순식간에 버블이 붕괴해 재기 불능의 손실을 입게 된다.

이와 같은 실패를 경험하지 않으려면 단기적인 가격 변동에 현혹되지 말고 자신의 투자 가설을 믿으며 투자를 계속하는 것이 중요하다. 이런 기본자세가 갖춰져야 비로소 자본가가 될 수 있는 것이다.

그렇다면 어떻게 해야 '좋은 기업'의 주식을 '싼 가격'에 살 수 있을까? 이제 그 방법을 살펴보자.

좋은 기업을 고르는 첫 번째 기준:
비즈니스 모델이 심플하고
이해하기 쉬워야 한다

어떤 기업의 가치를 산정하는 데 있어 비지니스 모델은 매우 중요한 역할을 한다. 기업 가치를 산정할 때 필요한 미래 이익이나 현금흐름의 수준을 예측하는 것은 해당 기업의 비즈니스 모델을 세세히 이해하고 있을 때에만 가능하기 때문이다.

하지만 비즈니스 모델이 복잡하면 그 회사가 무슨 일을 하고 있는지 파악할 수가 없다. 이는 그 기업의 경우 무엇이 가장 큰 수익원인지, 또 경제 환경이 크게 바뀌면 무엇이 위험 요소로 작용할지 등을 간파하기가 어려워진다. 이때 간과했던 위험 요소가 실제로는 그 기업에 치명타를 입히는 경우도 적지 않다.

그러므로 비즈니스 모델은 가능한 한 심플한 것이 좋다. 구체적으로 말하자면 어느 정도의 매출이 일어나고, 이것은 어디에서 발생하며, 비용은 어느 정도고, 수익은 얼마나 거두고 있는지 등을 간단하게 시각화할 수 있는 기업이라면 상당히 바람직한 투자 대상이라 할 수 있다.

미국의 애플은 비즈니스 모델만 파악하면 투자하기에 좋은 기업 중 하나다. 애플이 주로 만드는 것은 아이폰과 아이패드, 즉 스마트폰과 태블릿이다. 물론 아이팟이나 맥북 시리즈 등 그 외의 몇몇 제품군도 있지만 매출의 중심은 어디까지나 아이폰과 아이패드다.

비즈니스 모델이 심플하다는 것은 이익의 증감을 알기 쉽다는 뜻이기도 하다. 예를 들어 일본 전자기기 제조업체들의 경우엔 비즈니스 모델을 파악하기가 상당히 어렵다.

일본의 전기 및 전자기기 제조업체인 히타치제작소日立製作所의 TV 광고를 보면, CM송이 흐르는 동안 화면에 히타치그룹의 계열사 1,056개의 이름이 영화 타이틀롤처럼 화면에 나타난다. 무척 많은 수지만 그래도 〈도요케이자이東洋經濟〉(일본의 경제전문주간지-옮긴이)의 온라인판에 따르면 사실 이는 일본 기업 중 2위에 해당한다. 이보다 많은 계열사를 갖고 있는 기업이 소니Sony인데, 소니의 계열사는 무려 1,297개에 이른다.

이 정도로 계열사가 많으면 솔직히 어떤 비즈니스 모델이 있고 어디에서 큰 수익을 얻고 있는지를 전혀 알 수 없다. 이런 점들을 파악하지 못하고 있는 동안 해당 기업의 계열사에서 거액의 손실이 발생해 모회사의 수익을 압박하는 경우도 발생할 수 있는데, 이는 실제 투자 시 큰 리스크로 작용한다. 사업 영역이 늘어나면 늘어날수록 어쩐지 리스크도 분산되는 것 같은 기분이 들겠지만 실제 수익성은 떨어진다.

일본 기업들 중 심플한 비즈니스 모델을 가지고 있는 대표적인 예가 역시 앞서 언급했던 패스트리테일링이다. 같은 소매점이라도 세븐&아이홀딩스Seven&I Holdings(일본의 유통업체-옮긴이)나 이온Aeon(일본의 유통업체-옮긴이) 등의 소매점들에 비해 패스트리테일링의 비즈니스 모델은 현격히 단순하다. 여러 브랜드를 갖고 있긴 하지만 기본적으로는 의류 산업이기 때문이다.

이에 반해 세븐&아이홀딩스나 이온 등의 소매업은 의류는 물론 식료품이나 가전, 일용잡화 등의 여러 품목을 다룬다. 또한 세븐&아이홀딩스의 계열사들은 종합 슈퍼뿐 아니라 식품 슈퍼, 백화점, 레스토랑, 편의점, 금융 서비스, IT 서비스 등 다방면에 걸쳐져 있다.

만약 상장기업인 세븐&아이홀딩스에 투자하고 싶은데 이렇게

업태業態가 많으면 적정 가치를 찾으려 해도 정밀도 면에서 아무래도 떨어질 수밖에 없다. 좋은 기업의 주식을 보다 싸게 구입해서 투자하고 싶다면 이렇게 비즈니스 모델이 복잡한 회사는 고려 대상에서 제외하는 것이 현명한 결정이다.

좋은 기업을 고르는 두 번째 기준:
본질적으로 안전한
비즈니스여야 한다

경기 변동에 좌우되지 않고 항상 일정 정도의 사회적 수요가 있는 비즈니스는 곧 그 기업의 매출 안정으로 이어진다. 물론 성장은 필요하지만 화려할 필요는 없다. 화려함보다 중요한 것은 언제든 안정적인 매출을 올리는 것이다.

경기에 좌우되는 전형적인 업계의 예가 주택개발업이다. 경기가 좋을 때는 수입이 늘어나고 미래에 대해 밝은 희망을 가지게 되며 저금리일 경우에는 주택담보대출을 얻기가 쉬워져 주택을 구입하려는 수요가 늘어난다. 그와 반대로 경기가 나빠지면 일자리가 불안정해지기 때문에 장기적으로 주택담보대출을 내는 데

주저하는 이들이 늘어나고, 월세 세입자들은 '경기가 안 좋으니 그냥 월세인 채로 살자'는 경향을 띠며 신규 주택에 대한 구매욕을 좀처럼 보이지 않는다. 그 결과 주택개발업체의 실적은 호경기에 크게 좌우된다. 이런 업계의 종목을 보유하고 있으면 경기의 좋고 나쁨에 따라 주가가 크게 흔들리기 때문에 정신 건강에 좋지 않다.

　주식 시장에는 정기적으로 반드시 큰 파란이 닥쳐온다. 일본을 예로 들면 1990년대 들어 부동산 버블 붕괴, 1998년의 아시아 통화 위기, 2000년의 IT 버블 붕괴, 2003년 금융 불안, 2007년의 서브프라임 사태, 2008년의 리먼브라더스 사태, 2011년의 동일본 대지진 등 국내외에서 발생한 여러 충격을 받았고 그때마다 주가는 급락했다.

　경기가 좋고 나쁨에 따라 주가가 요동치는 '경기 민감주'는 이러한 상황에서 가장 먼저 매도세를 보인다. 언젠가는 이전의 주가 수준까지 회복될 것임을 알고 있어도 불경기나 경제적 쇼크로 주가가 크게 하락하면 해당 주식을 계속 보유하기가 괴로워지기 마련이다. 그러므로 경기 민감주는 투자 대상에서 제외하는 것이 좋다.

　한편 이러한 경기 부침浮沈에, 혹은 외부 충격에 대한 저항력이 강한 종목도 있다. 이런 기업들은 경기가 얼마나 악화되든 자사 상품이나 서비스에 대한 수요가 반드시 있기 때문에 매출이 크게 떨어지지 않는다.

예를 들어 유니참ユニ·チャーム(일본의 위생용품 제조업체-옮긴이)이 그 대표적인 기업이다. 아무리 경기가 나쁘더라도 일회용 기저귀에 대한 수요는 줄지 않는다. 과거 리먼 쇼크로 일본의 주식 시장이 크게 하락했던 당시에도 유니참의 주가는 크게 무너지지 않았다.

테루모テルモ도 마찬가지다. 의료기구 제조업체인 테루모는 수술 시에 사용되는 카테터catheter(체내 내용액의 배출, 체내로의 약제 주입에 사용되는 고무나 금속제의 가는 관-옮긴이)의 시장점유율이 크다. 극단적으로 말해서 이런 제품에 대한 수요는 아무리 불경기가 오거나 전쟁이 일어난다 해도 크게 떨어지지 않는다.

양품계획良品計画은 의식주에 관련된 상품을 다루는 소매업체로, 지금은 '무인양품無印良品'이라는 브랜드를 통해 세계에 이름을 알리고 있다. 사람의 의식주에 관계된 물건을 다루고 있으므로 양품계획 역시 경기 악화에 강한 저항력을 가진 기업이라 평가된다.

또 소프트뱅크Softbank는 최근 대형 M&A를 반복하고 있다. 이 기업에 대해 '너무 공격적인 경영을 빈번히 전개한다' '상황에 따라 어떻게 될지 모른다' '상당히 불안정한 기업이다' 등의 이미지를 갖고 있는 사람들도 많을 것이다. 하지만 소프트뱅크가 하고 있는 통신 사업은 상당히 안정된 비즈니스에 속한다. 점유율을 뺏고 빼앗기는 경쟁이야 있지만 경기가 나빠진다 해서 휴대전화 계약을 철회하는 사람은 아마도 거의 없을 것이기 때문이다. 지금은 휴대전화가 생활필수품인 시대다. 소프트뱅크는 통신 사업에서 매년 수천억 엔의 현금흐름을 얻고 있으므로 이 역시 경기에 좌우되지 않는 안정적인 비즈니스 모델이라고 할 수 있다.

기업의 투자 가치를 위해 실적을 볼 때는 아무리 못해도 과거 10년, 가능하면 20년간의 사업 실적 자료를 살펴봐야 한다고 생각한다. 이를 기반으로 기업이 어떤 것에서 수익을 얻고 있는지, 경영자가 경영에 대해 본인이 말하고 있는 것과 실제로 행하고 있는 것 사이의 차이는 없는지 체크해나가는 것이다. 장기간에 걸쳐 안정적인 수익을 얻고 있는 기업이라면 안심하고 투자할 수 있는 확실성이 올라간다.

반대로 아무리 성장 추세에 있는 회사라 해도 설립된 지 얼마 안 된 벤처 기업이라면 장래의 성장에 대한 판단이 상당히 어렵다는 것을 이해한 뒤 기업가의 가능성에 투자해야 한다. 설립한 지 얼마 안 된 기업이라도 주식을 상장할 수 있는 환경이 지금은 조성되어 있지만, 어느 정도의 자금을 이 기업에 투자하고자 한다면 신중한 입장을 취하는 것이 당연하다. 그런 의미에서 아직 5년 정도의 사업 실적밖에 없는 기업에 대한 투자 결정에는 신중을 기해야 하는 것이다.

주식밖에 없다

좋은 기업을 고르는 세 번째 기준:
적은 이자부채권과 탄탄한 대차대조표가 있어야 한다

대차대조표의 상태가 좋아서 나쁠 것은 없다. 경영 환경이 악화되어도, 혹은 좀처럼 이익이 늘어나지 않더라도 기업은 쉽게 도산해선 안 된다.

무엇보다 기업이 도산하면 외상 대금을 받지 못해 손실을 입는 거래처, 융자한 자금을 돌려받지 못해 손해를 보는 은행, 갑자기 직장을 잃은 직원과 그 가족 등 다방면의 사람들에게 피해를 입힌다. 또 그와 더불어 기업의 규모에 따라 경제적인 손실액이 매우 커지고 주가에도 영향을 끼침으로써 경기 후퇴를 초래할 가능성도 있다. 이와 같은 여러 면들을 생각하면 정말이지 지속가능성 면에서 기업이 갖는 힘은 매우 중요하다는 점을 알 수 있다.

금리 수준이 낮은 요즘에는 이자부채권이 기업에게 그리 큰 부담은 되지 않을 것이다. 하지만 앞으로 금리가 변하거나 지금보다 오를 수 있다는 점을 생각해보면 당연한 듯 돈을 빌려 부채를 늘리는 것은 생각해봐야 할 일이다.

이자부채권의 최적 수준이 어느 정도인가 하는 것은 비즈니스의 종류에 따라 다르다. 큰 규모의 설비투자가 필요하고 비교적 리스크가 높은 비즈니스라면 과도한 이자부채권을 피해야 하고, 항상 안정적인 수요가 있는 일용품을 다루는 비즈니스라면 어느 정도의 이자부채권은 용인될 것이다. 어느 쪽이 되었든, 기업은 불의의 사고가 일어나도 경영이 휘청대지 않을 수 있게끔 장기적인 재무 규율에 신경 써야 한다.

좋은 기업을 고르는 네 번째 기준:
진입장벽이 높은 비즈니스를 하고 있어야 한다

여기에서 말하는 '높은 진입장벽'은 높은 관세율로 수입이 증가하지 않게 한다거나 견고한 규제로 묶어 기득권자를 보호하는 유의 이야기가 아니라 '그 기업이 제공하고 있는 제품이나 서비스는 다른 것으로 대체되기 힘든 것이어야 한다'는 의미를 가진 표현이다. 간단히 말해 '이것이 없으면 세상이 곤란해진다'고 할 수 있는 제품이나 서비스 말이다.

키엔스キーエンス라는 회사의 경우를 예로 들 수 있다. 아마 이 이름만 듣고서는 어떤 회사인지 모르겠다는 사람이 많을 듯하다. 사실 키엔스는 수많은 상장기업 가운데 사원의 평균 연봉이 높

은 회사 중 하나로 경제지의 특집 기사 등에 가끔 등장하는 기업
이다.

어떻게 이렇게까지 평균 연봉이 높은 것일까? 단순히 이야기하
자면 키엔스는 고수익 구조를 갖고 있기 때문이다. 그리고 키엔
스가 고수익을 올릴 수 있는 것은 다른 회사가 흉내 낼 수 없는
기술을 가진 덕분이다.

키엔스는 센서를 만드는 회사다. 이 분야의 전문가가 아니라면
키엔스의 홈페이지를 봐도 어떤 점에서 이 회사가 훌륭하다는 것
인지 전혀 알 수 없을 것이다.

이 회사의 장점은 동종업계의 다른 회사들이 따라올 수 없는
높은 이익률을 올리고 있다는 데 있다. 키엔스가 높은 수익률을
거둘 수 있는 이유는 공장이 없는 패브레스ファブレス(영어의 'fabrica-
tion제조'와 '−less'를 결합하여 만든 일본 신조어로 '무설비 제조'를 뜻
함−옮긴이) 경영의 원칙을 철저히 고수하기 때문이다. 자사의 공
장을 가지고 있지 않으므로 거액의 자금을 들여 설비 투자를 할
필요가 없는 것이다.

여기에 더해 키엔스는 고객의 수요를 파악한 뒤 그에 맞춰 주
문 제작을 한다는 특징도 있다. 이는 타사가 끼어들 수 없을 정
도로 긴밀한 관계를 고객과 구축해왔기 때문에 가능한 것이다.

주식밖에 없다

키엔스 이외에도 대체할 수 없는 제품을 제공하는 기업이 있으니 앞서 언급한 테루모가 그곳이다. 테루모는 '아프지 않은 주사 바늘'로 세간의 주목을 받았는데, 이것이야말로 다른 업체가 대체할 수 없는 제품 중 하나다.

일례를 들자면, 중국 병원에서는 환자에게 주사를 놓아야 할 때 중국제 주사 바늘과 테루모의 주사 바늘 중 어느 것을 원하는지 묻는다고 한다. 두 바늘의 가격 차는 100배 정도에 이르지만, 그럼에도 많은 환자들이 테루모의 주사바늘을 고른다고 한다. 아무리 가격이 100배나 비싸다 해도 체내에 들어가는 제품인 이상 소비자 입장에선 아무래도 안심할 수 있는 제품을 선택하게 되는 것이다. 이 에피소드는 일본 기업에 대한 높은 신뢰도를 나타내는 것이기도 하지만, 대체제가 없는 제품을 만드는 기업은 강할 수밖에 없다는 것을 보여주는 예이기도 하다.

키엔스나 테루모의 이런 힘은 제품의 높은 퀄리티와 서비스, 브랜드 파워로 강하게 유지된다. 코카콜라 역시 세계 곳곳에 이르기까지 강력한 브랜드 파워가 알려졌기 때문에 유사 제품으로 결코 대체되지 않는 것이다. '콜라'라는 이름이 붙은 데다 가격도 대폭 낮은 다른 갈색 탄산음료가 시장에 나온다 해도 이를 사려는 사람은 거의 없을 것이다. 그 유명한 워런 버핏이 이렇게 생각하고 코카콜라The Coca-Cola Company에 투자한 것인지는 잘 모르겠지만, 콜라 시장에 신규 진입하려는 기업이라면 상당히 높은 장벽을 넘어야 할 필요가 있는 것은 사실이다.

주식밖에 없다

좋은 기업을 고르는 다섯 번째 기준:
지속 가능한 높은 ROE와 이에 합당한 이익 성장을 보여야 한다

기업 가치를 생각할 때 ROE는 매우 중요하다. ROE, 즉 '주주자본이익률'을 산출하는 계산식은 다음과 같다.

ROE = 1주당 이익(EPS) ÷ 1주당 주주자본(BPS)

주주자본은 말 그대로 주주가 그 기업에 대해 출자한 자본을 지칭하고, 주주자본이익률은 기업이 해당 주주자본을 활용해 얼마나 효율적으로 벌고 있는지를 보여주기 위한 지표다. 덧붙여 말하면 매년 이익에 따라 주주자본이 쌓여가는 속도를 표시하는 것이라고도 말할 수 있다. 일본 기업의 전반적인 ROE는 평균 8%

수준인 데 반해 유럽은 12% 정도이며 미국은 15%를 상회한다.

워런 버핏이 왜 코카콜라 주식에 투자했는지 알고 있는가.

워런 버핏은 가치투자로 유명하지만, 사실 그가 투자했을 당시의 코카콜라 주식은 PBR^{Price Book Value Ratio}(주가를 주당순자산가치로 나눈 값인 주가순자산비율을 의미하는데 PBR이 1 이상인 경우에는 증시에서 고평가된 상태로 해석됨—옮긴이)이 5였기 때문에 결코 싸다고 할 수 없었다.

그럼에도 버핏이 코카콜라 주식에 투자한 것은 ROE가 50%로 매우 높았기 때문이다. ROE가 50%라는 것은 회사의 순자산의 가치가 매년 50%씩 늘어남을 의미한다. 5라는 PBR 수치로 봤을 때 확실히 코카콜라의 주식은 결코 싸지 않았지만, 50%의 ROE가 앞으로 10년 동안 유지될 경우라면 이야기가 달라진다. 버핏은 50%의 ROE가 앞으로 10년간 지속될 것으로 여겨지는가에 대한 판단이 중요하다고 이야기한다. 즉, 50%라는 ROE는 확실히 높지만 이것이 지속 가능하다면 충분히 투자할 가치가 있다는 것이다.

이 이야기에서 알 수 있듯이 ROE가 높아서 나쁠 것은 없지만 그 이상으로 중요한 것은 그 높은 ROE가 지속 가능한지의 여부다.

앞서 언급했던 계산식을 보면 알 수 있듯, ROE 수치를 높이려면 1주당 이익을 늘리는 것이 중요하다. 하지만 만약 1주당 이익이 늘어나지 않더라도 1주당 주주자본을 줄이면 자연히 ROE 수치도 올라간다. 계산식의 분모가 줄어들기 때문에 이는 당연한 일이다.

그러나 1주당 주주자본이 작은 기업은 부채액과 비교할 때 과소자본이 된다는 점을 잊어서는 안 된다. 과소자본이 되면 가령 이익이 사라지고 손실이 발생했을 경우 자본이 쉽게 잠식될 우려가 있는데 이는 회사의 존속성 측면에서 바람직하지 않다. 즉, 표면상의 ROE 수준이 높다고 해서 투자하는 것은 위험하다는 뜻이다.

따라서 '높은 ROE'는 자기자본비율이 어느 정도 높은 상태, 그리고 재무 상태가 건전하게 유지되고 있다는 전제하에서 중요한 요소다. 버핏이 버크셔해서웨이라는 회사를 오늘날과 같이 큰 기업으로 만들 수 있었던 것 역시 지속 가능한 높은 ROE 기업임과 동시에 건전한 재무 상태로 꾸준히 이익을 늘리는 기업들을 대상으로 투자를 계속해왔기 때문이다.

높은 ROE를 유지하는 것은 상당히 어려운 일이다. 특히 지속적으로 이익을 늘리고 있는 기업일수록 아무런 노력을 하지 않는다면 ROE는 점차 낮아진다. 왜냐하면 이익이 자본에 축적되기 때문이다. 1주당 주주자본이 늘어나면 ROE 계산식의 분모가 커지기 때문에 이익 증가율이 낮으면 ROE 수치도 떨어지고 만다. 그렇게 때문에 ROE를 지속적으로 높이려면 이익을 더욱 크게 늘려야 하는 것이다.

이와 함께 자사주 매입이나 배당을 늘리는 것 역시 주주자본의 무질서한 성장을 확실히 관리하고 높은 ROE를 유지하는 방법이다. 이러한 주주환원책까지 포함해 자본의 효율을 생각하는 경영자가 지휘하는 기업이라면 안심하고 투자할 수 있다.

좋은 기업을 고르는 여섯 번째 기준:

경기 동향에 좌우되지 않고 창출되는 풍부한 현금흐름이 있어야 한다

 이것은 앞서 '좋은 기업을 고르는 두 번째 기준'에서 이야기한 내용과 비슷하다. 즉, 경기가 좋을 때는 물론 설사 나쁜 때라 해도 현금흐름이 탄탄한 기업이라면 안심하고 투자할 수 있다. 그러나 이렇게 말하면 '일본은 이미 인구 감소 사회로 접어들었으니 현금흐름도 줄어들지 않을까'라는 의견도 듣게 된다.

 일본 국내에서만 사업을 하고 있는 기업의 경우엔 인구 감소 사회의 도래라는 변화가 매출 감소로 이어지고, 그 뒤를 따라 이익과 현금흐름까지 축소될 우려가 있는 것이 사실이다. 현금흐름이 감소한다는 것은 그만큼 기업의 가치가 줄어든다는 것과 같은 뜻이므로 이런 기업은 투자 대상으로 바람직하지 않다.

이런 점을 잘 알기에 해외 사업을 서둘러 진행하고 있는 기업들도 많다. 예를 들어 앞서 말한 유니참은 전체 매출 중 아시아를 중심으로 하는 해외 매출의 비율이 약 60%다. 양품계획 역시 점포 수를 보면 절반이 해외에 있다.

이처럼 해외 시장에서 적극적으로 사업을 전개하고 있는 기업들은 설사 일본의 인구가 감소해 국내 매출이 떨어져도 해외에서 이를 뛰어넘는 매출과 이익을 올리기 때문에 그런 사회변화적 요인이 실적 등에 끼칠 악영향을 걱정하지 않아도 된다. 물론 어떠한 영향도 전혀 없다고는 할 수 없지만, 적어도 국내 시장만으로 먹고사는 기업에 비하면 상대적으로 안전한 것이 사실이다. 이런 이유에서 해외 사업에 적극적이고 해외에서도 강한 브랜드를 구축할 수 있는 상품과 서비스를 가진 기업이라면 업종을 불문하고 투자할 수 있다.

스팍스는 2005년부터 아시아 주식에 대한 투자를 시작했다. 성장 시장인 아시아의 기업들은 자국 및 그 주변 지역 성장의 혜택을 받을 수 있다는 점에서 유리한 위치에 있다. 세계의 인구는 약 75억 명인데 그중 아시아 지역의 인구는 약 45억 명으로 절반 이상을 차지한다. 또한 아시아 지역에서는 인구가 급속도로 증가하고 있기 때문에 기업이 제공하는 제품과 서비스의 수량 역시 자연히 확대된다.

더불어 저소득층의 소득이 늘어나면서 중간 소득층이 증가하고 생활 수준도 향상됨에 따라 기업 입장에선 부가가치 제품을 제공하고 단가를 인상하는 것이 가능해진다. 즉, 아시아 같은 성장 지역에서는 어떤 비즈니스를 해도 매출이 증가하기 쉬운 환경이 조성되는 것이다.

물론 장기적으로 지속 가능한 사업인지의 여부를 살펴보는 것이 필요하지만 아시아 기업들 중에는 ROE가 20~30%인 곳도 있다. 일본 주식을 대상으로 하는 공모형 펀드 '엄선투자'에서 투자 대상으로 삼은 기업의 ROE가 12~15% 정도인 점을 생각해보면, 아시아 기업들은 주주자본이 쌓이는 속도가 배에 가깝기 때문에 상대적으로 매우 높은 수익을 낼 가능성이 있다고 판단된다.

이처럼 아시아 기업은 상당히 매력적인 투자처다. 앞서 말했듯 스팍스가 10년 이상의 투자 성적을 쌓아온 지금까지 만반의 준비를 하고 아시아판 엄선투자 펀드를 시작하는 이유를 여러분도 이해했으리라 믿는다.

좋은 기업을 고르는 일곱 번째 기준:
탁월한 경영자가 있어야 한다

일본의 기업 경영자들은 크게 '오너 경영자' '샐러리맨 경영자' '프로 경영자' 등의 세 종류로 나눌 수 있다.

'오너 경영자'는 창업자, 혹은 창업가 집안에서 배출된 경영자를 일컫는다. 지금의 토요타자동차에서 대표 겸 사장을 역임하고 있는 토요타 아키오豊田章男는 현재의 위치에 올랐을 당시 '창업가의 대정봉환大政奉還(1867년 에도 막부가 국가 통치권을 일왕에게 반환한 일. 1995년 아키오 사장의 숙부인 토요타 타츠로豊田達郎가 퇴임한 이후 토요타자동차 사장직은 토요타가家가 아닌 사람들이 맡았다. 토요타 아키오는 2009년, 토요타가의 인물로는 15년 만에 사장

주식밖에 없다

자리에 올랐다.—옮긴이)'이라 불렸다. 토요타 아키오는 토요타자동차를 창업한 토요타 가문의 적자嫡子다.

'샐러리맨 경영자'란 학교 졸업 후 그 회사에 신입사원으로 입사한 뒤 계속해서 대리, 과장, 부장, 이사 등을 거치며 순조롭게 출세한 다음 드디어 사장의 자리에 오른 이를 지칭한다. 이러한 샐러리맨 경영자는 일본에 많다.

'프로 경영자'는 최근 수년간 각광받고 있다. 이들은 저조한 기업 실적을 재건하고 싶을 때, 또는 회사의 문화를 대폭 쇄신해 제2의 창업을 이루고 싶을 때 고용되는 경영자로, 회사와의 계약을 통해 경영에 참여한다.

프로 경영자라고 하면 아무래도 경영에 관한 노하우가 있고 회사의 재건 등에 수완을 발휘할 것이라 생각되지만, 사실 이들에게도 약점이 있다. 바로 근시안적이 되기 쉽다는 것이다. 프로 경영자는 '3년 계약' 혹은 '5년 계약' 등의 형태로 기업과 계약 관계를 맺고 그 기간 동안 일정 정도의 성과를 올려야 한다. 이 때문에 장기적인 비전을 가지고 경영에 임하기보다는 자신이 달성해야 하는 과업만 바라보는 경향이 있기 때문에 아무래도 근시안적인 입장을 취하기 쉽다. 또한 샐러리맨 경영자들의 경우에는 자신이 재임하는 기간 중 아무런 일도 일어나지 않도록 문제를 미루는 경향을 보인다. 이렇게 생각해보면 아무래도 탁월한 경영자는 오너 경영자 중에 많다는 인상을 받을 수 있다.

나는 직업 특성상 기업의 경영자들을 직접 만나 이야기할 기회가 꽤 있다. 하지만 개인투자자가 직접 기업 경영자와 만나 대화할 수 있는 기회는 거의 없을 것이다. 그러므로 여기에서는 개인투자자가 어떤 방법으로 경영자의 능력을 알아볼 수 있을지에 대해 얘기해보려 한다. 사실 공개 정보로밖에 얻을 수 없다고 해도 기업 경영자의 능력을 간파하는 것은 충분히 가능하기 때문이다.

첫째, 해당 기업의 상품이나 서비스를 자신이 직접 체험해봐야한다.

외식 체인점이라면 그 레스토랑에 실제로 찾아가 식사를 해보고, 의류업체라면 그 기업의 매장에 가서 옷을 보거나 직접 구입해본다. 이런 과정에서 그 매장의 분위기, 손님에 대한 매장 직원들의 태도 등을 살펴보면 해당 기업의 경영 상태를 어느 정도 짐작할 수 있다. 사원은 경영자를 닮기 때문에 현장의 분위기는 경영자의 자질을 추측해볼 수 있는 도구가 된다.

둘째, 주주총회에 가능한 한 참석해야 한다.

주주총회는 개인투자자라도 직접 경영자와 만날 수 있는 흔치 않은 기회이므로 이를 활용하지 않을 이유가 없다. 회사 전체의 경영이 경영자에게 맡겨져 있기 때문에 투자자의 입장에서는 경영자가 어떤 인물인지를 자신의 눈으로 확인할 필요가 있다. 정말로 신기하게도 사장이 제대로 된 인물이면 사원들도 바르게 행동하는 반면, 사장이 거짓말쟁이면 사원들도 거짓말을 하게 된다. 이런 점에서 조직의 크고 작음과 상관없이 회사와 사원은 경영자를 비추는 거울과도 같다.

셋째, 탁월한 경영자를 기준으로 삼아 판단력을 높인다.

탁월한 경영자는 누구일까? 이에 대해 여기에서 거론하는 것은 외람되지만, 소프트뱅크 그룹의 창업자이자 대표 겸 사장인 손정의孫正義, 일본전산日本電産(성공 신화로 유명한 일본의 전자부품 업체-옮긴이)의 창업자로 대표회장 겸 사장인 나가모리 시게노부永守重信, 패스트리테일링의 창업자로 대표 회장 겸 사장인 야나기 타다시 등의 인물이 바로 떠오른다. 물론 그 외에도 상당히 뛰어난 경영자가 많지만 '탁월한'이라는 수식어를 붙일 수 있는 인물은 역시 이 세 명일 것이다.

그러므로 이 세 명이 미디어에서 거론될 때 그 보도를 읽거나 들으며 '탁월한 경영자란 무엇인가'를 그 내용 속에서 찾아보는 것이 좋다. 그리고 실제로 자신이 투자할 기업이 결정되면 해당 기업의 경영자는 이 세 명에 비해 어떤지를 항상 생각하며 탁월한 경영자인가의 여부를 판단해보면 좋을 것이다.

'좋은 기업'의 주식을
싸게 사는 방법

이상의 일곱 가지 기준을 만족시킬 수 있는 기업은 내가 생각하는 '좋은 기업'이 된다. 그러나 아직 한 가지 문제가 더 남아 있다. '좋은 기업에 투자하면 반드시 돈을 벌 수 있는가'가 바로 그것이다.

실제로 꼭 그렇지는 않다. 아무리 좋은 회사라도 주가가 비쌀 때 사버리면 오히려 주가 하락의 위험을 안게 되는 셈이기 때문이다. 그러니 '좋은 회사에 투자할 때는 그 기업의 주가가 쌀 때 투자해야 한다'는 점을 명심하자.

그렇다면 무엇을 보고 그 기업의 주가가 싸다고 판단할 수 있

주식밖에 없다

을까? 이것은 '그 기업의 본질적인 가치를 얼마로 판단하느냐'에 서부터 시작한다. 그 기준이 되는 것이 장래의 수익 예측이다.

기업이 사업을 시작할 때는 우선 매출부터 일으킨다. 이것이 없으면 수익을 낼 수 없기 때문에 어찌 되었든 매출은 가장 우선 시되는 요소다.

매출은 단가에 수량을 곱해서 구할 수 있다. 여기에서 중요한 것은 단가가 앞으로 올라갈 것인지, 아니면 떨어질 것인지의 여부다. 생산 수량이 향후 늘어날지 감소할지도 조사해보자. 만약 경기가 나빠진다 해도 제품이 가진 경쟁력이 높으므로 가격을 인하하지 않겠다는 전략을 가진 기업이 있는가 하면, 시장의 압력에 못 이겨 가격 인하 요구에 쉽게 응해버리는 기업도 있다.

다음으로는 수량을 전망해보자. 경기가 회복되면 앞으로 수량이 늘 것이고, 반대로 경기가 나빠지면 수량은 줄어든다. 이런 전망을 세운 뒤엔 수량과 단가를 곱하면 된다.

이것이 매출을 전망하는 방법인데, 사실 이는 애널리스트나 펀드매니저가 기업을 방문한 뒤 정보를 얻고 여기에서 장래 예측을 할 때의 순서다. 하지만 개인이 이런 방식으로 기업의 매출을 예측하는 것은 어렵기 때문에 이를 대체하는 방법을 생각해보는 것이 좋을 것이다. 그중 한 가지가 바로 해당 기업이 분기별로 발표하는 예측치를 꾸준히 체크하는 것이다.

매출을 예상했으면 다음은 비용을 계상할 차례다. 인건비나 매입비용은 앞으로 떨어질지, 아니면 현상대로 유지할지 등을 예상하면서 장래 수익성을 계산해보는 것이다. 이것도 회사의 분기별 이익 예상치에 나와 있으니 그것을 참고하면 된다.

이런 방식을 통해 매출과 이익을 대략적으로 짐작할 수 있다면 장래의 예상 PER(주가수익률)을 산출할 수 있다. 그리고 이 예상 PER에 비해 현재의 주가가 낮은 수준이라면 그 종목을 살 가치가 있다고 판단하는 것이다.

실제로 주식을 살 때에는 가능한 한 낮은 주가일 때 사려고 하기 마련이다. 그러므로 프로 투자자들은 주가 동향을 항상 살피면서 주가가 크게 떨어졌을 때 매수한다. 물론 이런 주문들은 전문 트레이더가 내는 것이고, 낮 시간에 일을 하면서 주가를 볼 수 없는 개인투자자들은 사전에 지정가주문指定價注文을 낸다. 자신이 계산한 타당한 가치에 비해 비현실적은 아닌, 적당히 낮은 수준에서 매수 주문을 내거는 것이다.

만약 지정가에 들어오지 않는다 해도 자신이 내건 가격이 타당하다고 생각한다면 거래가 체결될 때까지 끈질기게 계속 주문을 내자. 여기서 지정가를 올리면 그만큼 '안전여유율安全余裕率'이 떨어져버린다. 안전여유율이란 벤저민 그레이엄Benjamin Graham(증권 분석의 창시자이자 가치투자 이론을 정립한 인물—옮긴이)이 말한 것으로, 그는 기업의 실제 가치를 정확히 계산하는 것은 불가능하기 때문에 여기에 방대한 노력을 들이기보다는 기업 가치의 근사치나 일정 범위 내의 수치를 계산하는 편이 효율적이고 그것만으로도 충분하다고 이야기했다. 따라서 가능한 한 주가가 크게 떨어졌을 때 사야 투자의 안전성을 더욱 높일 수 있다는 것이다.

여기에서 주의해야 할 점은 자신의 목적이 '좋은 기업의 주식을 장기적으로 보유하고, 그 기업의 장기적 성장에 따른 과실을 받고 실현하는 것'임을 항상 염두에 두어야 한다는 것이다. 다시 말해 장기적 수익 실현이라는 목표를 전제로 하여 눈앞의 작은 가격 변동에 현혹되지 않고 지정가를 결정하는 것이 무엇보다 중요하다.

제 6 장_

자본가가 되기 위한 마음가짐

재치 하나로 사회적
계층이 바뀔 수 있다

아마 여기까지 읽은 독자 중 대부분은 '어, 정말 누구나 자본가가 될 수 있겠네'라고 생각할 것이다. 이는 결코 착각이 아니다. 나는 큰 소리로 자신 있게, 지금은 정말로 누구나 자본가가 될 수 있는 시대라고 말할 수 있다. 나는 지금처럼 주식 시장이 정비되고 누구든 주식을 살 수 있는 시대가 된 것이 내겐 행운이라고 진심으로 생각한다.

인류의 역사를 돌이켜봤을 때, 부를 축적할 수 있는 기회가 특권 계급뿐 아니라 아주 평범한 일반인에게까지 주어진 시대는 지금까지 한 번도 없었다. 동서양을 막론하고 봉건 사회에서 일반

서민은 재산을 쌓는 것이 허용되지 않았고, 살아가는 데 필요한 최소량의 식량을 제외한 나머지는 모두 상위 계층에 항상 착취 당했다.

일본을 예로 들면 사회의 최하층이었던 농민은 자기 위에 있는 무사에게 공물을 바쳐야 했고, 무사는 자기 위의 장군에게 군역과 봉공에 따르는 의무를 다했다. 또한 농민은 무사가 될 수 없었으므로 농민으로 태어난 아이는 농민으로 길러져 평생을 농민으로 살아야 했다. 직업 선택의 자유도 없고 한 단계 위의 상류층으로 올라가는 것도 금지된 형태로 사회 계층이 고정화되어 있었던 것이다. 계층을 바꾸기 위해 허용된 유일한 수단은 목숨을 걸고 무력을 행사하는 것밖에 없었던 시대가 안타깝게도 수백년 전까지 존재했었다.

이를 생각하면 지금 시대를 살아가고 있는 우리는 얼마나 자유로운가. 사람들은 누구의 눈도 의식하지 않으며 부를 쌓을 수 있고, 부를 형성하는 데 필요한 주식 시장이라는 장소까지 정비된데다 자신의 재능 하나로 큰 부를 손에 넣을 수 있는 가능성까지 존재하니 말이다.

강한 열망을
가진 사람이 승리한다

　그럼에도 이 시대를 사는 모든 사람이 자본가가 되는 것은 아니다. 자본가가 될 수 있는 가능성에 뛰어들 자격은 누구에게든 주어져 있지만 그렇게 되기 위한 것들은 전혀 하지 않는 사람들이 있기 때문이다. 당연한 말이지만 스스로 행동을 취하지 않는 이상 저절로 자본가가 되는 일은 일어나지 않는다.

　자본가가 되려면 자신의 힘으로 한 걸음 한 걸음 나아갈 용기와 강한 열망이 있어야 한다. 사업으로 재산을 모은 기업가들은 그들 자신이 '이런 사업이라면 성공한다'라는 강한 믿음을 갖고 있었기 때문에 여러 역경을 극복할 수 있었다. 이런 강한 열망이 없다면 순식간에 좌절할 것이다. 이는 주식 투자를 통해 자본가가 되려고 하는 사람들은 물론 이 책을 읽는 독자 모두에게도 해당되는 이야기다.

같은 주식 투자자라 해도 스타일은 저마다 다르다. 단기 매매를 중심으로 하는 단기 투자자들은 어떤 종목이 됐든 그것에 집착하지 않는다. 그들에게 중요한 것은 어디까지나 주가 변동이기 때문에 주가가 움직이기만 한다면 그 기업의 비즈니스 모델 등에는 전혀 상관하지 않을 뿐 아니라 유동성만 있다면 어떤 기업의 주식이든 매입한다. 또한 매입한 뒤 30분 후에 팔아 이익을 확정하는 거래도 빈번히 행하기 때문에 단기 투자자는 개별 종목에 강한 열망을 가질 수가 없다.

물론 이 역시 주식 투자의 여러 스타일 중 하나다. 또 최초의 시장 유동성은 나와 다른 생각을 가진 투자자(투기자)도 많이 참여함으로써 만들어지는 것이기 때문에 그들의 존재를 부정할 생각은 없다. 내가 말하려는 것은 다만 이런 것이 내 사고방식과 다르다는 것뿐이다.

그러나 자본가가 되려는 강한 열망을 지탱하는 데 중요한 것은 '좋아하는 마음'이다. 그 대상은 자본가나 주식, 투자, 혹은 기업이나 경영자나 돈 등 무엇이 됐든 상관없다. 하지만 좋아하지 않으면 호기심이 발생하지 않고, 자신이 좋아하는 것을 찾지 못하면 가치 역시 창출되지 않는다.

여담이지만 빈센트 반 고흐Vincent van Gogh는 자신이 살아 있는 동안 한 장의 그림도 팔지 못했다. 아니, 고흐의 그림을 산 사람이 단 한 명 있었지만 그는 남동생인 테오Theo였다. 살아생전 세간에서는 어떠한 평가도 받지 못했으나 그럼에도 고흐는 그림을 멈추지 않았다. 그림이 너무 좋아서 참을 수 없었고, 그 때문에 그림을 그리지 않고서는 견딜 수 없었던 것이다.

죽기 직전, 고흐는 경이적인 속도로 그림을 계속 그려냈다. 그것도 모두 비슷한 그림을 말이다. 명화名畫인 그의 작품 '해바라기Sunflowers'도 이 시기에 양산됐다. 시계열時系列로 그의 작품들을 보면 고흐가 매주 그림 한 편씩을 완성하는 시기도 있었다.

무엇이 그를 이렇게까지 몰아세웠을까? 상상에 불과하지만 그는 그저 그림 그리는 일이 좋았을 것이다. 그리고 더불어 자신의 재능도 믿었을 것이다. 그랬기에 세상의 평가 등은 무시하고 자신의 그림을 계속 그릴 수 있었던 것이라고 나는 생각한다.

이처럼 뭔가를 이루려 할 때 그 대상을 강하게 좋아하는 마음은 큰 힘이 된다. '좋아하면 잘하게 된다'는 말처럼, 뭔가를 좋아하는 마음은 그 일을 장기간 지속시킬 수 있는 중요한 원동력이 되는 것이다. 이것은 경영을 하는 데 있어서든 투자를 하는 데 있어서든 마찬가지다.

좋아한다는 강한 열망이 있어야 비로소 많은 기업 경영자들은 자신의 산을 찾고, 그것을 오르기 위해 도전한다. 투자자 역시 자신이 '이거라면 성공한다!'라고 생각하는 기업이나 사업을 발굴해야 경영자를 뒤에서 지지하며 그와 산에 오르는 도전을 함께하게 된다.

겸허함을
이기는 것은 없다

이는 딱히 자본가에 국한된 이야기가 아니라 비즈니스 세계에 있는 모든 이들에게 해당하는 말이다. 겸허함을 잊으면 어떤 일도 잘 해낼 수 없다. 건방질수록 주변에 적을 만들게 되기 때문이다. 때문에 이상한 곳에서 발목을 잡히지 않게끔 항상 겸허한 마음을 가질 필요가 있다.

애덤 스미스Adam Smith는 인간이 행복해지는 데 필요한 세 가지 요소를 이야기한 바 있다. 첫 번째 요소는 '건강'이고 두 번째는 '최소한의 소득', 그리고 세 번째는 '그늘지지 않은 마음'이다.

건강의 중요성에 대해서는 새삼 말할 필요도 없다. 아무리 자본가로 성공했다 해도 건강하지 않으면 무엇 하나 즐길 수 없기 때문이다.

소득도 중요하다. 물론 많은 사람들은 '소득은 많을수록 좋다'고 말할 것이다. 당연한 말이긴 하지만 자신에게 필요한 최소 소득 수준을 파악해두면 위험에 빠졌을 때 큰 도움이 된다. 과거라면 최소 소득 수준은 자기가 살아가는 데 필요한 것들, 즉 먹고 자는 것을 해결할 수 있는 액수가 되겠지만 지금은 가능하면 그 두 배 정도를 바라게 된다. 안심하고 가족을 부양할 수 있어야 하기 때문이다.

세 번째 요소에 대해서도 누구나 동의하지 않을까 싶다. 마음에 그늘이 있는 채로는 무엇을 해도 즐겁지 않을 것이니 말이다.

요컨대 건강과 소득, 그리고 그늘지지 않은 마음, 이 모두의 공통점은 마음의 평정심과 관계된다는 것이다. 마음이 평안하면 대부분의 일을 즐기고, 현재를 행복하다고 여길 수 있다.

추가로 말하면 현재의 행복은 지금까지 자신이 해온 모든 것에 의하여 형성된다. 지금까지 만난 사람들 및 지금까지 자신의 신상에 일어난 일 모두는 인과가 됨과 동시에 필요한 것이기도 하다. 그렇기 때문에 감사의 마음에 연결되는 것이다. 어떤 의미에서 보면 동양적 가치관과 맞닿은 얘기인 듯하지만, 모든 것에 감사하는 겸허한 마음가짐이 있어야 인과가 돌고 돌아 최후에는 자기 자신의 성공이라는 형태로 나타난다. 그렇기 때문에 많은 경영자들이 감사하는 마음으로 겸허함을 항상 의식하고 있는 것이 아닐까.

같은 얘기가 자본가에게도 해당된다. 첫 자금은 적더라도 투자를 반복하면 점차 자본이 축적되면서 비로소 대자본가가 된다. 하지만 이러한 과정에서 오만해지면 반드시 어딘가에서 실패한다.

2000년 전후에 일본에서는 자본의 논리를 내세운 행동주의 펀드들이 몇 개 등장했는데, 대부분은 결국 오만 때문에 자멸했다. 자신의 돈이 됐든 타인으로부터 위탁받은 돈이 됐든, 큰돈을 손에 넣기 전의 마음을 그 돈을 손에 넣은 후에도 지켰는가? 자신은 지금 오만한가, 아니면 오만하지 않은가? 행동주의 펀드의 실패 사례는 나 자신은 물론 여러분에게도 커다란 반면교사가 될 것이다. 스팍스의 펀드 중에는 기업과의 대화를 중시하는 인게이지먼트engagement 형의 펀드(중장기적인 기업 가치 향상을 위해 투자자와 경영자가 의견을 서로 교환하고 이해하려는 투자 방식—옮긴이)도 있는데, 거기서 만나는 기업들에게 나는 이 정신을 잊어서는 안 된다고 항상 이야기해준다. 나와 오랫동안 교류해온 외국계 통신사 기자는 우리에 대해 "멋대로 투자 대상 기업의 경영에 참견하지 않는 '예의 바른 투자자'"라는 평을 해주었다. 나는 앞으로도 예의를 지키며 주주로서의 역할을 해가고 싶다.

주식밖에 없다

규율과 절제를
중요히 여겨라

자본가로서의 마음가짐을 갖기 위해 가져야 한다고 생각하는
마지막 요소는 '규율과 절제를 중시하는 것'이다.

자본가에 대해 주변 사람들이 가지는 생각은 '돈 많은 사람'이
다. 물론 자본가 중에는 엄청난 부자도 있겠지만, 자산의 규모가
얼마나 됐든 부자는 주위 사람들의 질투를 받는다. 그러므로 항
상 규율·절제를 중시해야 하고, 충동적으로 돈을 써서도 안 된
다. 자신이 소유하고 있는 대형 요트의 사진을 SNS에 올리는 것
은 말도 안 되는 일이라고 나는 생각한다. 미국에서는 성공한 사
람들이 자신의 성공 자체를 자랑하는 경우도 있지만, 동서양을
막론하고 이런 유의 사고방식에 나는 공감하지 않는다.

어느 정도 세상 사람들로부터 인정받을 만큼의 성공을 거두면 많은 사람들은 자기 혼자의 힘으로 그렇게 됐다고 착각하곤 한다. 하지만 이런 생각은 자신의 무덤을 파는 결과로 이어진다. 세상 사람들의 눈은 옹이구멍이 아니다. 다시 말해 오만해진 사람을 제대로 보고 있는 사람이 반드시 주위에 있다는 뜻이다. '이 사람이 성공하는 것을 돕고 싶다' '이 사람과 협력하고 싶다' 하는 생각을 해주는 사람이 주위에 없다면 자본가로서 성공하는 것은 불가능하다. 이는 자본가뿐 아니라 보통의 샐러리맨들에게도 해당되는 이야기일 것이다.

이러한 마음가짐과 태도, 즉 규율과 절제는 자본을 축적해가는 과정에서도 중요하다. 이 책의 서두에서도 다뤘지만 자본가가 되기 위한 첫걸음은 아주 평범하게도 저축에서 시작한다. 투자에 활용할 종잣돈을 만들 때까지 무조건 자기 월급의 4분의 1을 꾸준히 저축해가는 것은 그 자체가 곧 규율과 절제의 과정이다. 이를 의식하지 않는 사람에게는 아무리 오랜 시간이 지나도 종잣돈이 모이지 않는다.

종잣돈이 모이지 않으면 당연히 자본가가 되는 첫걸음도 내디딜 수 없다. 금욕주의적인 이야기라 미안하지만 그 정도로 평소에 규율과 절제를 중요시하지 않으면 자본가가 되는 것도 불가능하다. 반대로 규율과 절제를 가슴속에 새기고 감사하는 마음, 겸허한 마음을 잊지 않고 좋은 기업을 찾아 장기적인 안목으로 투자하면 누구나 풍요로운 자본가로 살 수 있는 시대가 지금이다.

또 다른 워런 버핏의
탄생을 위해

우선 이 책을 끝까지 읽어준 모두에게 큰 감사를 드린다. 투자를 통해 자본가가 되는 것은 적은 돈으로라도 가능하다는 것, 꿈과 목표를 확실히 가진 상태에서 첫걸음을 내딛는 것이 자본가가 되는 지름길임을 이해해준다면 저자인 나로서는 더 이상 바랄 것이 없다.

공저를 포함해 이번 책은 내가 집필한 일곱 번째 책인데, 나는 이번 작업에서 새로운 시도를 했다. 스팍스 직원들과의 활발한 토론을 통해 책을 썼다는 점이 그것이다. 특히 종잣돈을 만드는 부분에 대해서는 나보다 직원들이 지혜를 갖고 있었기에 나 역시 그들로부터 많은 것들을 배울 수 있었다.

스팍스 홍콩에 주재 중인 베테랑 다구치 히로시田口浩史를 포함한 직원들의 협조가 없었다면 이 책은 탄생하지 못했을 것이다. 그분들에게 감사드리고 싶다. 이해하기 어려운 내 이야기를 쉽게 고쳐준 스즈키 마사미츠鈴木雅光, 내 생각을 출판에까지 연결해준 편집자 이토 요우지伊藤洋次에게도 깊은 감사를 드린다.

눈에 보이지 않는 투자가 갖는 의의와 가치를 어떻게 하면 남녀노소 모두에게 이해시킬 수 있을까. 그 난제에 도전하기 위해 스팍스에서는 최근 1년간 스팍스TV(www.sparx.jp/tv)를 통해 적극적으로 정보를 공유할 뿐 아니라 뉴스레터도 발송하고 있다 (www.sparx.jp/ir/letter). 인간은 연약한 동물이기 때문에 장기 투자의 과정에서 고독이나 초조함을 느낄 수도 있는데, 이런 매체를 통해 투자에 계속 관심을 갖는다면 나로서는 기쁠 따름이다.

최근 1년을 돌이켜보면 영국은 유럽연합에서 탈퇴하기로 결정했고, 미국은 도널드 트럼프 대통령을 선택했다. 일본에서는 고이케 유리코小池百合子가 도쿄 도지사로 선출되었고, '오닌應仁의 난' (1467년 일본 막부의 수장인 쇼군의 후계자를 둘러싸고 지방 무사 세력들이 대립하면서 11년간 계속된 내란. 일왕 고츠치 미카도後土御門 때의 연호인 오닌應仁 원년에 일어났다고 해서 '오닌의 난'이라고 부른다.-옮긴이)을 테마로 하는 책이 베스트셀러가 되었다. 이 모든 것이 내게는 격차의 사회에 필사적으로 저항하는 서민의 봉기처럼 보인다.

2013년 2월에 시작한 '아베노믹스 경기景気'는 버블 시기를 넘어서 전후 세 번째로 길어지고 있지만, 지난번 스팍스가 실시한 인터넷 조사에 따르면 '경기 회복이라고 보도되고 있으나 실감하지 못하고 있다'고 답한 사람의 비율이 81%에 달했다. 더욱 충격적인 사실은 같은 조사에서 경제적 자립을 실현하는 수단을 물었을 때 2위에 오른 답변이 32.2%를 차지한 '복권에 당첨된다'였고, 이것이 24.9%를 차지한 3위의 답변 '주식 투자'를 크게 웃돌았다는 것이다.

이러한 결과를 보며 나는 주식 투자와 관련된 사람으로서 다시 한 번 나 자신의 무력을 통감했고, 고미야 가즈요시小宮一慶(일본의 경영 컨설턴트-옮긴이)와의 공저 《주식 투자의 왕도株式投資の王道》에 이어 이 책을 쓰게 되었다. 스팍스를 만든지도 곧 30년이 돼간다. 지금까지의 내 경험과 생각을 바탕으로 주식 투자에 대해 마지막으로 다시 한 번 독자 여러분에게 말씀 드리고자 한다.

주식 투자에 성공하는 유일한 방법은 기업의 소유자로서 해당

주식밖에 없다

기업의 장기적 성장에 따르는 과실을 나누겠다는 마음가짐을 갖는 것, 그리고 우수한 경영자와 기업을 꾸준히 발굴하여 해당 기업에 장기적으로 투자하는 것이다. 여러분이 이러한 환경을 이해하고 주식 투자에 참여한다면 10년 뒤, 20년 뒤에 또 다른 워런 버핏이 탄생할 것이라 확신한다. 나 자신 또한 그 꿈을 버리지 않고 있다. 나는 그 꿈을 여러분과 함께 실현해가고 싶다.

2017년 5월

스팍스그룹 주식회사 대표이사 겸 사장
아베 슈헤이

회사원이 자본가가 되는 길
주식밖에 없다

초판 1쇄   2018년 2월 9일
초판 2쇄   2018년 4월 6일

지은이   아베 슈헤이
옮긴이   정인지
펴낸이   김승욱
편집   장윤정 김승욱
디자인   김선미
마케팅   최향모 강혜연
홍보   김희숙 김상만 이천희
제작   강신은 김동욱 임현식

펴낸곳   이콘출판(주)
출판등록   2003년 3월 12일 제406-2003-059호

주소   10881 경기도 파주시 회동길 210
전자우편   book@econbook.com
전화   031-955-7979
팩스   031-955-8855

ISBN   978-89-97453-95-5

이 도서의 국립중앙도서관 출판시도서목록(CIP)은 e-CIP 홈페이지(http://www.nl.go.kr/ecip)와
국가자료공동목록시스템(http://www.nl.go.kr/kolisnet)에서 이용하실 수 있습니다.
(CIP제어번호: CIP2018002873)